越韵吴风——嘉兴市非物质文化遗产大观

嘉兴民俗

嘉兴市文化广电新闻出版局 编

浙江摄影出版社

嘉兴民俗

嘉兴市文化广电新闻出版局 编

总 序

李杰

　　中华历史源远流长，民族文化博大精深，先辈留下的文化遗产异彩纷呈，璀璨夺目。其中，既包含了数不胜数、弥足珍贵的文物、典籍等有形的物质文化遗产，亦包含了大量的发源于民间、根植于民间、深藏于民间的，通过世代口传心授得以相传的，无形的、活态流变的非物质文化遗产。这些非物质文化遗产承载了民间古老的文化记忆，展现了民族文化的个性与特征，凝结了中华民族的智慧与精神。

　　非物质文化遗产是一种独特的文化现象，它的活态流变性是其世代绵延、传承的重要规律和基本特性。正是这种活态流变性使当下的非物质文化遗产保护面临着一些不容忽视的状况与危机：一些依靠口传心授的文化遗产正随着其传承人的谢世不断消失，许多传统技艺濒临消亡；大量非物质文化遗产正经受着全球经济一体化和现代化进程的冲击和消解；具有历史与文化价值的非物质文化遗产实物与资料正遭受毁弃或流失境外……因此，对非物质文化遗产的保护与传承已经迫在眉睫，刻不容缓。

　　嘉兴古称"长水"、"嘉禾"，位于长江三角洲南翼，杭嘉湖平原腹地，枕京杭大运河且水网稠密，素有"越韵吴风，水都绿城"之誉。七千多年前已现人类文明曙光，先人在此繁衍生息，种稻为业，形成被誉为"江南文化之源"的马家浜文化。后渐为"天下粮仓"，至六朝，"嘉禾之区"美名传扬四方。宋时粮桑并茂，渔牧并进。明代称"鱼米之乡、丝绸之府"。历史悠久的农耕文明与民间文化给嘉兴市留下了丰厚的非物质文化遗产。闻名古今中外的运河文化、蚕桑文化、稻作文化以及嘉兴端午习俗、嘉兴灶头画、五芳斋粽子制作技艺、掼牛、海宁皮影戏、硖石灯彩、嘉善田歌、平湖钹子书、平湖派琵琶艺术、海盐滚灯、桐乡含山轧蚕花、高竿船技、秀洲网船会等多姿多彩的非物质文化遗产，为今天嘉兴的繁荣增添了意蕴隽永的独特的文化魅力。

多年来，嘉兴市委、市政府在重视民族文化传统、弘扬传统文化精神、延续城市文化脉络等方面做出了巨大的努力，在保护非物质文化遗产的生态性、多样性、独特性方面取得了重要进展。截至2009年，市政府已公布嘉兴市非物质文化遗产名录一百零五项，其中被公布列入世界人类非物质文化遗产代表作名录的一项、国家级非物质文化遗产名录的十三项、浙江省非物质文化遗产名录的四十四项；拥有一批国家、省、市级民间文化艺术之乡、传统节日保护地、非物质文化遗产生态保护区、传承（教学）基地、产业基地、代表性传承人及民间艺术家。秀洲区、桐乡市、海宁市、嘉善县、平湖市、海盐县分别被列入中国民间绘画之乡、漫画之乡、灯彩之乡、田歌之乡、西瓜灯之乡和滚灯之乡。2010年5月，市政府制定出台了《嘉兴市非物质文化遗产保护发展规划》以及《嘉兴市蚕桑丝织文化生态区保护规划》，确定了至"十二五"末我市非物质文化遗产保护工作的指导思想、方针政策、保护计划和保障措施，大手笔描绘了嘉兴市非物质文化遗产保护可持续发展的美好蓝图。

非物质文化遗产的抢救和保护是一个长期的、浩大的、极其复杂的文化系统工程，需要建立科学而有效的保护和传承机制。目前，对非物质文化遗产的保护办法与方式多种多样,以文字记载的方式将其转化成全面、真实、系统的,可供保存、传承和弘扬的有形资料,便是其中一种有效、可靠的保护方法。"越韵吴风——嘉兴市非物质文化遗产大观"丛书正是借此方式,有计划、有组织地开展《嘉兴市非物质文化遗产名录集成》以及《嘉兴民间文学》(上、下卷)、《嘉兴传统音乐》、《嘉兴传统舞蹈》、《嘉兴传统戏剧》、《嘉兴曲艺》、《嘉兴传统体育、游艺与杂技》、《嘉兴传统美术》、《嘉兴传统技艺》、《嘉兴传统医药》、《嘉兴民俗》等册的编纂出版工作,集中展示近年来我市非物质文化遗产的建设成果,追根溯源,揭示非物质文化遗产的悠久历史与发展现状,展现承载着嘉兴古代文化基因的、鲜活的民间文化,唤起全社会的关注与支持,共同推进嘉兴市非物质文化遗产的保护与发展。

非物质文化遗产是人类创造力的突出表征,是民族传统文化的珍贵记忆,是守护人类心灵的精神家园,对人类的生存与发展均有着独特的价值。保护非物质文化遗产,对增强民族认同感、自豪感和归宿感,维护世界文化的多样性,实现特定的文化权利,创新和发展民族文化,构建社会主义和谐社会,有着极其重要的促进作用。

因此,抢救、保护、传承和发展正处于生存困境中的非物质文化遗产,已成为时代赋予我们的非常紧迫的历史使命。这不仅仅需要这样一套有形书籍的付梓出版,需要政府与民众齐心协力地投入与探索,更需要全社会乃至全人类的文化自觉。

是为序。

2010年5月

(作者系浙江省人民政府党组成员、秘书长,时任嘉兴市人民政府市长)

凡 例

一、本丛书坚持科学性、普及性、时代性、地域性原则，力求写成一套图文并茂、通俗易懂的普及性读物，向广大民众介绍嘉兴市范围内非物质文化遗产的丰富资源以及保护工作情况。

二、本丛书按目前国家级非物质文化遗产名录的类别，计划分十册编纂出版，计有《嘉兴民间文学》（上、下卷）、《嘉兴传统音乐》、《嘉兴传统舞蹈》、《嘉兴传统戏剧》、《嘉兴曲艺》、《嘉兴传统体育、游艺与杂技》、《嘉兴传统美术》、《嘉兴传统技艺》、《嘉兴传统医药》和《嘉兴民俗》。此外，专门就现有嘉兴市级以上"非遗"名录，先期编纂出版《嘉兴市非物质文化遗产名录集成》。

三、入选各册的内容涉及嘉兴市范围内非物质文化遗产的各个方面。凡进入各级"非遗"名录的项目着重介绍，尚未进入或无法进入"非遗"名录但在当地有较大影响的项目也予以介绍。材料主要依据近年来非物质文化遗产普查成果，同时采纳十大文艺志书集成和前人采风成果，并录入一些新发现的重要线索。

四、本丛书体例，各册目录之后安排"概述"，主要交代某个门类非物质文化遗产所在区域的生态环境和历史文化背景，叙述其起源、传承、流布、变迁以及组织、地区差异及现状，简述其基本内容，在本土文化语境中说明其意义、价值、功能，简述保护工作情况。正文一般安排两级标题，一级标题为种类，二级标题直接进入相关项目的写作。种类的安排大致参照国家级非物质文化遗产名录的分类体系，同时参考该学科习用的分类法，并考虑到实际情况加以设计。《嘉兴传统戏剧》和《嘉兴曲艺》两册的情况特殊，不设一级标题，直接进入相关项目的写作。相关项目的定名，尽量与国家级非物质文化遗产名录的称谓相一致，并从实际情况出发作适当调整。有些项目的归类可能出现争议，一般均参照国家级非物质文化遗产名录的惯例适当处置。

五、本丛书强调所介绍的文化遗产的非物质性，着重叙述其活态传承的情形，如艺术的表演过程及其特色，技艺的工艺流程，民俗活动的仪轨、禁忌，传承人的传承情况等。相关的民俗文物、典籍、场所、机构只相应予以必要的介绍，避免喧宾夺主。有些内容如与"非遗"有关而又不宜进入正文的，则附录于书后，以供参阅。

六、本丛书主要着眼于文化传承与传播，因而不同于通常的科学技术参考书籍。在传统医药范畴里，书中述及的疗法和方剂，其疗效尚有待于进一步研究，不可直接用于指导治疗疾病。在传统技艺范畴里，出于保护知识产权的考虑，所述技法并不能供读者直接模仿。倘若由此造成不良后果，编者概不负责。

七、"非物质文化遗产"作为一个科学概念，提出的时间不长，其涵盖的内容及分类方法尚有待完善。本丛书的编写体例尚无理想的范本可供参考，一切皆在探索之中，欢迎读者和方家不吝指教。

"越韵吴风——嘉兴市非物质文化遗产大观"丛书编委会

2012年5月

目 录

概 述

民俗，一般认为是指一个国家或民族中广大民众所创造、享用和传承的生活文化。在历史上，又常常和风俗、习俗、民风、谣俗这样一些词语相近，人们使用时并没有将它们作严格区分。由此可见，通常意义上的民俗实在是个很宽泛的概念。而在非物质文化遗产范畴里，我们又把民俗当作非物质文化遗产众多大类中的一类，将民俗看成是与民间文学、传统音乐、传统舞蹈、传统戏剧、曲艺、传统体育游艺与杂技、传统美术、传统技艺、传统医药相提并论的一个大类。这和民俗学界以往所习惯使用的概念还是有些不同的。

按照我国非物质文化遗产领域里目前所通行的做法，一般将民俗又分成节日习俗、生产商贸习俗、生活习俗、人生礼仪习俗、民间信仰习俗这样几个部分。另外，文化空间也与民俗息息相关，理应进入我们的视野。事实上，许多民族民间艺术和传统技艺、知识，在它们的肇始阶段，往往就是民众日常生活的一部分，或者说它们就孕育在民俗之中。只是在它们逐渐成熟之后，才呈现出作为艺术或技术、知识的鲜明个性，被人们当作是某个独立的艺术或技术品类来看待。

一

嘉兴，古称"槜李"、"长水"、"由拳"、"禾兴"、"嘉禾"等，现下辖南湖、秀洲二区，嘉善、平湖、海盐、海宁、桐乡五县（市），位于长江三角洲南翼、杭嘉湖平原腹地，东接上海，西连杭州，南濒钱塘江，北邻苏州，京杭大运河穿境而过。境内以平原为主，河流纵横，湖荡密布，偶有丘陵点缀，气候温润，土地肥沃，物产丰富，历来是适宜人类居住的好地方，素有"鱼米之乡"、"丝绸之府"的美誉。

境内的马家浜文化遗址颇多，表明早在六七千年之前，就有先民在这块土地上休养生息了。考古发掘材料可以证明，那时候的先民已经住进了一种长方形的屋子，他们打磨石器，种植水稻，还有了纺织、制陶等原始工艺。专家考证，大约在四五千年前，这里的先民就已经在养蚕织绸了。稻作和蚕桑丝绸，是这一带先民很早就十分熟悉，并且又一以贯之沿袭下来的两种主要的生产方式，对于铸造嘉兴民俗的个性起了决定性的作用。

历史的进展有时候也会出现断裂。嘉兴的历史固然可以追溯到马家浜文化和良渚文化，不过在以后相当长的一段时间里，这里的文化进程却似乎有所迟缓。司马迁的《史记》以为，"楚越之地，地广人希，饭稻羹鱼，或火耕而水耨，果隋蠃蛤，不待贾而足"，明显落后于中原。他的描述还是恰如其分的。关于这里的良渚先民后来怎么样了，这是历史学家热议的话题，这里无法展开。可以肯定的是，许多史料表明，历史上有几次较大规模的北方人口南移，正是这些从中原过来的先人带来了北方的先进文化，又依赖于这一带优良的自然生态环境，并且和土著先民不断融合，才得以创造了嘉兴历史上的辉煌。

把历史翻到春秋战国时期，嘉兴一带曾经是吴国和越国交战的战场。至今还有一个遗址，那就是嘉兴市秀洲区洪合镇洪合村旗杆下的国界桥。此桥始建于宋代，据说是为了纪念春秋战国时期的吴越国界。当然，今天要绘制一张精确的地图来标示当年的吴越疆界，并不容易。不过《左传》有载，当初吴、越两国在槜李一带争战，不少古书上也都异口同声这么说，看来大致方位还是对头的。当年嘉兴的旧城，就有望吴门、通越门、望吴桥等古地名，凡此种种，无不透露出此中消息。这不仅指地理学上的方位概念，还进一步涉及民俗个性的探讨。

早在春秋时期，一些有识之士就已经看到这个态势。《越绝书》卷六记载，伍子胥对吴王阖庐说："吴越为邻，同俗并土"，建议他注意这一点。《吴越春秋》卷五"夫差内传"记述，越军大败吴军，吴王夫差临死前，越国大夫文种写了一封信，用箭射给夫差，声讨他的罪行，其中第五条罪行就是："且吴与越同音共律，上合星宿，下共一理，而吴侵伐，大过五也。"在《吕氏春秋》卷二十三中就说得更详细了，该书"贵直论·知化"云："吴王夫差将伐齐，子胥曰：'不可。夫齐之与吴也，习俗不同，言语不通，我得其地不能处，得其民不能使。夫吴之与越也，接土邻境，壤交道属，习俗同，言语通，我得其地能处之，得其民能使之。越于我亦然。'"且不说伍子胥和文种他们当年在政治上的观点今天究竟应如何评价，至少在民俗学范畴里，他们是英雄所见略同，是比较早就看到这个规律了。如果进一步讨论，方言也是如此，今天嘉兴一带的方言介于苏州与绍兴之间，而更接近苏州。衣食住行上的一些习惯，也让人感觉到这种情形。不但古代如此，近现代也是如此。有人说，嘉兴是"吴根越角"，还是蛮形象的。

隋代开凿江南运河，正好贯穿嘉兴全境。运河又成为这一带水网的轴心，成为嘉兴人民的母亲河。说到嘉兴一带经济繁荣、文化昌盛，都离不开运河，以至于讨论嘉兴民俗的个性，也总是要提到水。

　　言及嘉兴经济的繁荣，还要提到唐代。尽管嘉兴历史悠久，在唐以前，这一带的经济还是不如中原地区的，至唐则有了令人瞩目的成就。那时候有"嘉禾一穰，江淮为之康；嘉禾一歉，江淮为之俭"的说法，常令嘉兴人为之骄傲。南宋定都临安（今杭州），嘉兴借地理优势，成为京城外围重镇，"人烟稠密，灯火万家"，又有一次飞跃。明清时，嘉兴为"江南一大都会"，境内的许多名镇纷纷崛起，其富庶繁华程度大大超过内地的一些县城，这也是中外经济史家们早已十分关注的一大亮点。

　　嘉兴一带风光秀美，经济繁富，也就注定了它的人文昌盛。自先秦至今，民间读书成风，人才辈出。西汉严忌、严助，晋代陆机、陆云、干宝，唐代陆贽，元代吴镇，明代吕留良，清代朱彝尊，近代沈曾植、王国维、张元济，现代沈钧儒、李叔同、茅盾、徐志摩、丰子恺、张乐平、朱生豪、黄源、金庸……我们可以报出一大串令人肃然起敬的名字来。这样一个优秀人物群体对于底层民众的生活文化也是有很大影响的。在中国历史上，俗上升为礼，礼下沉又为俗，礼俗之间的互相影响至今都没有停止过。许多风俗习惯往往是在地方精英人物的倡导和身体力行之下才得以蔚然成风的。20世纪40年代，潘光旦先生著《明清两代嘉兴的望族》，对于嘉兴的"清门硕望"就有过一番研究。大户人家的生活习惯对于周围的百姓有辐射作用，所谓"上行下效"，势在必然。今天我们在非物质文化遗产范畴里讨论民俗，虽然主要应该关注底层民众的生活习惯，但也不排斥中上层人群的传统。比如灯会，就是万民同乐，各色人等熙熙攘攘，会集在一条街上，哪里还分得清礼与俗的界限呢。

二

嘉兴的民俗又有哪些地域特色呢? 这是许多人都很关心而又不大好回答的一个话题。这里只能尝试着作一番探讨。

其一, 这里的生产方式, 最主要的就是稻作生产和蚕桑丝绸生产。如前所述, 几千年来嘉兴的先民们一直在从事着这两种生产, 世代相传, 潜移默化。于是, 几乎在人们日常生活的各个方面, 也就是说, 不仅在生产方面, 还表现在衣食住行、婚丧嫁娶、岁时节日、社会组织、庙会信仰、歌舞戏曲、语言与民间文学等领域里, 无不透露出稻作生产和蚕桑丝绸生产的种种印迹。

就说蚕桑丝绸生产对民俗的影响吧, 首先是人们的蚕神信仰, 以及由此引发的各种祭祀, 尤其是这一带清明前后的轧蚕花庙会, 声势之大, 令人瞩目。轧蚕花庙会又衍生出摇快船、船拳、高竿船、蚕花、蚕猫等一批民族民间艺术项目, 也早已引起各方面的关注。

由养蚕生产的神秘性所导致的蚕禁忌, 以及养蚕时节关蚕房门的习俗, 也往往令人吃惊。在旧时, 养蚕时节不仅禁止亲邻间串门拜访, 连官府办案抓人、考试之类的公务也一概要避让。这种禁忌还进入了语言范畴, 这一带人们的语言习惯居然也会因养蚕而有所改变, 这是外乡人所匪夷所思的。

我们还发现, 蚕乡的婚礼上有送蚕花、点蚕花、讨蚕花蜡烛、撒蚕花铜钿、经蚕肚肠、送桑树陪嫁; 丧葬仪式上又有扯蚕花挨子、盘蚕花。所谓"蚕猫", 则有泥塑的、剪纸的、民间年画中的, 当年曾经是一种巫术, 如今却成了人们普遍喜爱的民间美术作品。茧圆,一开始与占卜和祭祀有关,如今却成了老少咸宜的风味小吃。除此之外,与蚕花有关的各种民族民间艺术,以及以蚕桑丝绸为题材的传说故事、歌谣谚语,则构成了一个硕大的宝库。

在稻作生产范畴里,情况也大致如此。总而言之,这样一种现象也是学术界所普遍关注的。刘铁梁提出的"标志性文化"概念,正可以用来作为一种解释。正如埃文思·普里查德所说:"牛是努尔人的日常生活赖以围绕其身而加以组织的核心,并且是他们的社会的和神秘的关系得以表达的媒介。如果不借助它们,要想与努尔人讨论他们的日常事件、社会关系、仪式行为,或者实际上是任何主题,都是不可能的。努尔人对牛的兴趣也并不是囿于它们的实际用途与社会功用,而是体现在他们的造型艺术和诗歌艺术之中。"(《努尔人——对尼罗河畔一个人群的生活方式和政治制度的描述》,华夏出版社,2002)我们再来观照嘉兴民俗,就会清楚地感觉到,稻作生产和蚕桑丝绸生产毫无疑问地成为了嘉兴的"标志性文化",这是最能体现嘉兴先民的集体性格和共同气质的元素,作为一种非物质文化遗产,它们具备着十分顽强的生命力。嘉兴民俗的地域特色说到底也就是稻作文化的特色、蚕桑丝绸文化的特色。

这样一种地域特色还迫使我们在保护它的时候必须坚持整体性原则。具体来说,目前一些地方在保护非物质文化遗产时过于拘泥于名录制度,将原本是一个整体的非物质文化遗产人为地分割为若干个琐细的名录事项,这样做其实既不符合学理,也在工作中不利于保护。仍以蚕桑丝绸为例,倘若嘉兴一带的蚕桑丝绸生产在生活中消失了，那么由此而形成的一系列民俗事象以及民族民间艺术项目又怎么能够获得一个理想的文化生态环境？怎么能够实施令人满意的保护呢？换句话说，要保护蚕花庙会，保护蚕猫、茧圆、高竿船、蚕歌、蚕桑丝绸的传说故事，归根到底还是要想方设法保护嘉兴一带的蚕桑丝绸生产。以此类推，在稻作生产、淡水渔业生产等一系列范畴里，也无不如此。诚然，这是十分艰难的工程，需要全社会的关注和巨大的投入。不过，在讨论嘉兴民俗的地域特色时，我们首先指出这一点，仍然是十分必要的。由此，我们才会意识到，民俗原来并非是可有可无的，它与国计民生的关系是如此紧密。

其二，《淮南子》云："吴人鬼，越人尵。"《风俗通义》卷九云："会稽俗多淫祀，好卜筮。"更多的文献则提到"江南多淫祠"。凡此种种，无不提醒我们，嘉兴一带也必然与江南各地一样，曾经有过一个时期笼罩着浓重的巫术、宗教的氛围。佛、道二教在江南有着很大势力是众所周知的，这里暂且不说，就说民俗范畴里的民间信仰吧。赞神歌和做社就曾经在历史上有过很大势力，几乎进入了千家万户。当然，随着社会的进步，这种盛极一时的民间信仰终究要淡化的。比如，在平湖，曾经在做社习俗中占有重要位置的太保书，后来进入茶馆演唱，渐渐衍变而为一种世俗的曲艺，人称"钹子书"。而在嘉善，做社却逐渐衍变成了吃讲聚，不再祭祀，而强调邻里间的互助和友谊。

庙会的情况更是如此。嘉兴一带的传统庙会之多、之盛，都是必须大书特书的。在许多地方，这种传统庙会也几乎成为一种标志性文化。我们讨论民俗，总是首先要

清康熙年间《嘉兴府志·风俗》书影

网船会（原载晚清《点石斋画报》）

提到庙会，由此而进一步探讨民俗的地域特色，也往往才能抓住要害，除了前面提到的蚕花庙会之外，嘉兴的网船会和嘉善的七老爷庙会也都值得一提。

网船会在嘉兴市秀洲区王江镇莲泗荡，主祀刘猛将，民间传说他是灭蝗英雄，这与嘉兴一带稻作生产的历史有着密切关系，自不待言。尤其引人瞩目的是，如今这个庙会已成为江浙沪船民、渔民的一个盛大节日，届时人们驾着各种船只前去赴会，莲泗荡及附近水域船只云集，旗幡招展，其间所呈现出来的水乡特色，也是别地所无法比拟的。

嘉善的七老爷庙会，又称"护国随粮王信俗"。伴随着这一民间信仰，还有一个动人的传说，说是有一年嘉善一带闹饥荒，民不聊生，这位七老爷是个押送粮船的小官，他为了解救家乡饥民，毅然开仓放粮，然后投河自杀，以解脱自己两难的处境。人们为了纪念他，为他造起了庙，每年都有盛大的庙会。这样的民间信仰也是值得特别关注的，其间所透露的文化信息十分丰富。旧时江南一带类似的民间传说和民间信仰其实不止嘉善一处。与其说这是当年在某地偶尔发生过的一段史实，倒不如说这是传统社会里普遍存在着的一种社会矛盾。时至今日，仍有深刻的社会意义，这也是不言而喻的。

由此可见，讨论嘉兴民俗，势必会涉及信仰范畴里的话题。曾经有学者说，民俗是退化了的宗教。此话虽然有些偏颇，却也值得重视。至少我们可以这样说，历史上浓重的巫术、宗教氛围给嘉兴民俗打上了深深的烙印，在许多方面至今都无法摆脱，这是事实。

其三，嘉兴民俗中所呈现出来的儒雅而细腻的风格，也是我们所必须提到的。这种风格的形成首先与嘉兴一带的自然生态有关，这里气候温润、景色秀美、物产富饶，在这种环境里生活的人往往具有和谐、平稳、细腻、柔顺的心理特征。然后我们还必须再次提到这一带的传统生产方式，无论是水稻、蚕桑丝绸、淡水捕捞，还是舟船行驶，长期以来都在熏陶着人们要注意细部，要小心翼翼，要耐心而保持平稳。这一带的小城镇星罗棋布，交通相对便捷，城乡差别已经在不知不觉中缩小，农村中的读书人也逐渐增多。长期以来，戏曲、曲艺渗透到这一带农村的每一个角落。凡此种种，都体现出这一带民俗中雅与俗之间的互动要比别地更为频繁。这种互动当然会深刻影响到嘉兴民俗的个性形成。

三

传统民俗和其他各种非物质文化遗产一样，在现代化进程中遇到了前所未有的危机。一方面，作为一种活态文化，随着社会结构和环境的改变、生产与生活方式的改变，它本身总是在变化着，一成不变是不可能的；另一方面，正如联合国教科文组织《人类口头和非物质遗产代表作申报书编写指南》所说："在世界全球化的今天，此种文化遗产的诸多形式受到文化单一化、武装冲突、旅游业、工业化、农业人口外流、移民和环境恶化的威胁，正面临消失的危险。"嘉兴也不例外，全球经济一体化和现代化进程对于这里的传统民俗所造成的冲击和消解是有目共睹的。当下正在进行的新农村建设，很容易把那些古老村落的极其宝贵的历史记忆轻而易举地扫除掉。而在以开发旅游为目的的"文化建设"中，又会带来对传统民俗的"保护性破坏"。许多有识之士都不同程度地看到了这种十分尴尬的局面，并且用各种方式试图对传统民俗进行抢救和加以保护。

大约从20世纪80年代开始，嘉兴的民俗学界人士就参与了浙江省民间文艺家协会主持的《浙江风俗简志》、《浙江民俗大观》等著作的编撰工作。借此契机，对于嘉兴的传统民俗有了一次较为全面的采录，并且在采风的基础上展开了初步的研究。1998年由浙江人民出版社出版的《嘉兴风情民俗》，则是在此前大量采风基础上的首次全面结集。在此前后，嘉兴所属的一些县（市）也相继出版了类似的文集，如《海宁民俗风情大观》、《海盐民俗风情》、《海盐习俗》、"平湖民间文化丛书"、《窑乡的文化记忆——中国窑乡嘉善干窑窑文化》、《桐乡蚕歌》、《土风杂记》等，形成一种声势。嘉兴的电台、报纸等新闻媒体很早就在关注着这个话题，由他们策划的一系列报道也在全市范围内产生很大反响。

2003年7月，联合国教科文组织通过《保护非物质文化遗产公约》；同年，我国文化部、财政部、国家民委和中国文联联合启动实施"中国民族民间文化保护工程"。2005年3月，国务院办公厅印发《关于加强我国非物质文化遗产保护工作的意见》；同年12月，国务院颁发《关于加强文化遗产保护的通知》。对于传统民俗的普查和保护又一次引起人们的关注。

在这样的背景下，从2007年6月起，嘉兴全市范围的非物质文化遗产普查正式启动，至2008年8月基本完成。全市各地通过村普查员调查上报、召开线索座谈会、短信、网站征集等多种渠道和手段，广泛征集普查线索。在此期间，全市共调查九百四十五个村、八千六百六十四个被调查对象，召开两千二百五十五次座谈会，获得了包括传统民俗在内的非物质文化遗产线索十万多条，项目近万个。

我们欣喜地发现，各地在此次普查中大都非常尊重老人，既包括常年生活在嘉兴民间的老农民、老工匠、老艺人、老医师、老教师、老干部，也包括很早就从事民俗调查与研究的老学者、老文化干部。没有他们的积极参与，许多行将失传或濒危的传统民俗就没法进入我们的视野，自然也就更加谈不上下一步该如何保护了。

本书的编撰，正是在这样一个背景下开展起来的。我们的工作基础，主要是嘉兴市非物质文化遗产资源普查所取得的材料和近几年来嘉兴各地已经公布的各级非物质文化遗产名录和公开出版的有关书籍。与此同时，特别要感谢从20世纪80年代起就一直从事嘉兴民俗采录和研究工作并作出卓越贡献的朋友们。这本书犹如千人饼，是大家一起努力才得以做成功的。我们的工作，主要是编纂。

　　需要讨论的是，我国现行的非物质文化遗产名录制度尚在初创阶段，还将有一个不断充实和完善的过程。名录体系与民俗学界历来形成的理念以及分类的具体做法不尽一致，这就给本书的编撰带来了一定的困难，需要在这里有所说明。

　　现行名录制度强调"申报地区与单位"，这在非物质文化遗产的许多大类中是切实可行的，但就民俗而言，相对就困难得多。民俗固然有"百里不同风，千里不同俗"的说法，或者还有"文化圈"、"民俗圈"等理念，表明了它具有地域性特征。但是从宏观角度看，民俗的流播又是相当普遍，并且是十分生动活泼的，不仅会冲破行政区划的狭窄界限，有时候甚至还会冲出国界，走向世界。在民俗这个大类里，近来常会在申报非物质文化遗产名录时发生若干个申报地区之间的争执。或者在另外一种情况下，相关的若干个申报地区大家都拥有同一个名称的"民俗"，倒也相安无事。但是，在保护它的时候却又会出现"三个和尚没水喝"的尴尬局面，大家相互观望，相互推诿，到头来谁也没有真正出力。

　　在进入具体操作时，还有一个给相关事象命名的尴

民国期间向镛《海宁观潮图》(海宁市博物馆藏)

尬。在民俗学的传统做法里，稻作生产民俗、蚕桑丝绸生产民俗、淡水渔业民俗、婚俗、丧俗以及一系列传统节日等分类概念都早已顺理成章，为学界所公认，但一旦进入名录体系，许多人又会觉得它们似乎太宽泛了，会给下一步的保护工作带来一系列麻烦，于是犹豫不决，无法给它们一一正名。或者说，我们如果在上述名称的前面加上一个地名，试图进入保护名录，那么又会出现大量重复，使名录"不堪重负"。在民族民间艺术的范畴里，我们通常是用优秀与否来加以取舍的，但是在民俗范畴里又会觉得较难使用这个标准。

或者我们可以这么说，由于种种原因，民俗学界历来以为比较重要的许多传统民俗事象，目前尚未进入现行的各级名录体系。也有一些学者则认为，对于民俗与民族民间艺术的保护，在具体做法上是应该有所区别的。民众的生活方式，有它自己的流变轨迹，恐怕不宜过多干预。

于是我们又会觉得，使用国际上已经通用的"文化空间"这个概念恐怕是很有好处的，至少可以帮助我

民国五年（1916年）农历九月十五日，孙中山先生于海宁观潮（咸剑/供图）

们解决一些困惑。

　　"文化空间"这个概念在国际非物质文化遗产保护工作中已经频繁出现，而在国内则相对显得陌生。联合国教科文组织《人类口头和非物质遗产代表作条例》对其的界定是："一个集中了民间和传统文化活动的地点，但也被确定为一般以某一周期（季节、日程表等）或是某一事件为特点的一段时间。这段时间和这一地点的存在取决于按传统方式进行的文化活动本身的存在。"也可以大致理解为是指某个民间或传统文化活动集中的地区，或某种特定的、定期的文化事件所选定的时间。或者说，是指定期举行传统文化活动或集中展现传统文化表现形式的场所，兼具空间性和时间性。

从这个意义上说，海宁盐官一带的钱江观潮似乎就是一个文化空间。这里的涌潮是一种自然遗产，这里的捍海塘和与此相关的塔、庙等建筑物是历史文化遗产，而观潮的节日庆典与民俗、弄潮竞技、修筑海塘的传统手工技艺、预测潮汐的知识及喊潮、祭潮、镇潮等民俗，则是非物质文化遗产，它们共同构成了文化空间。由此可见，钱江观潮所体现的整体性特征是很鲜明的。但按照目前我国通行的非物质文化遗产名录制度，"钱江观潮"又有些尴尬，有人会觉得它很难定性，很难评估，很难归属，因而很难进入名录体系。如果我们换一种思路，把钱江观潮看成是一种文化空间，然后再把原先分属于民俗、手工技艺、传统体育、传统音乐等大类里的那些看似有些零碎的内容都作为一个有机的整体，甚至与自然遗产、历史文化遗产联系起来，问题不就越来越清晰了吗？

推而广之，民俗范畴里的传统节日、庙会祭典、民间信仰、生产商贸民俗等，把它们归入文化空间去认识，去把握，去保护，可能会更加顺理成章些。当然，这是一个学术上的问题，我们不必操之过急，可以有一个思辨的过程。只是在这里提出，希望能够引起注意。

民俗传承人的认定，也有其特殊性。它与戏曲、曲艺、传统美术、手工技艺等大类的情形也有些不一样。民俗是广大民众的生活文化，大量的民俗事象是由广大民众群体传承的。当然，其中也有一些祭典、礼仪的传统，掌握在少数民间精英手里。不过由于众所周知的原因，这一类传承人的认定还比较困难。目前我们所掌握的这方面的信息相对比较薄弱，还有待加强。

综上所述，在非物质文化遗产的范畴里，如何形成科学的保护机制和格局，创建良好的文化生态环境，使得世代相传的民俗文化能够在今天越来越精彩，还有许多艰巨的工作需要我们去做，让我们大家一起努力吧。

壹

岁时节日习俗

节日民俗就是人们在各类岁时节令中进行的风俗活动，它以年度为周期，周而复始，循环往复，伴随着人们的生产和生活。节日民俗的形成和发展，往往经过十分漫长的历史。如同在我国其他地方一样，嘉兴地区传统节日民俗伴有鲜明的农业生产特色，不仅反映了这一带民众张弛有度、应时而作的生活节律，也为人们提供了这一地区不同历史阶段社会、经济发展的信息。

I. 春节

春节是一年之中最重要的节日，历来受到人们的重视。如同江南其他地方一样，嘉兴一带的民众也总是会在春节里贴门神、挂对联，吃年夜饭、分压岁红包，热热闹闹地庆祝新年，形成了一些独具地方特色的风俗习惯。

年关将近，家家户户就开始准备了。当地民谣唱道："新年到，真热闹，廿三来送灶，廿四把尘扫，廿五吃豆渣，廿六打年糕，廿七办年货，廿八贴春联，廿九祭祖先，三十来过年。"自送灶起，至除夕，年节活动连续不断，十分丰富。

(1) 送灶

灶，这里指灶神，专门管理各家灶间事务。平日家家户户灶山上都有一神龛，灶神马幛便供奉其中。龛前摆有香炉烛台，逢时过节也不忘祭祀一番。每年年末，灶神都要上天向玉帝汇报所住人家一年来的善恶之举，以便玉帝奖惩赏罚。因此，送灶神上天述职，变成了一件大事。

关于送灶的时间，当地旧时有"官三民四"的话法。做官人家一般在农历十二月廿三送灶，寻常百姓十二月廿

灶神菩萨（李如月2010年2月摄于海宁斜桥）

六神牌（张庆中2009年7月摄于海宁海昌）

四送灶。不过如今早已官民不分，各地一般都在农历十二月廿三或者廿四夜里举行。

送灶这天，人们在灶间设香案，摆好糕点、水果、豆制品以及糯米饭等供品，点起香烛，进行祭拜。其中糯米糕点不可缺少，比如糖塌饼、赤豆糯米饭、糯米粉煮煎糖糕等，这些食品又甜又黏，俗信以为这样可以糊住灶神的嘴，免得他上天之后说自家的坏话。海宁一带，送灶时要拿两个大碗的赤豆糯米饭合成球状，并放上福橘，插上柏枝，再在灶画上的灶君嘴上抹点饴糖沫。平湖等地也有用荸荠、慈姑送灶的。俗信以为如此灶君便会忘记一切，见了玉帝什么也说不出。

人们用香烛、纸锭祭祀灶神后，就将灶神马幛连同纸锭一起焚烧，全家作揖行礼，恭送灶神升天。

（2）打年糕、办年货

送完灶神后，各家各户忙着置办各种年货，其中年糕是当地人必备的糕点。旧时，每到年节各家都要打一些年糕，少的十几斤，多的上百斤。若是过年的时候吃不完，就浸在水缸里慢慢吃。年糕不仅有充饥、配菜之用，寓意也十分吉祥：过年吃年糕，年年高升；二月二吃撑腰年糕，健腰强体；种田吃年糕，则象征粮食产量高。

年糕有手做、臼打两种。手做年糕就是用手把蒸熟的糯米粉拌匀，不断压、揉、堆、挤，使其黏合，再捏成各色年糕。手做年糕比较松散，易发霉，因此人们大

壹

岁时节日习俗
嘉兴民俗

打年糕(孙晓东2006年摄于秀洲区油车港)

多喜欢臼打年糕。臼打年糕，首先将拌有少量粳米的糯米粉放在一只内架塔形竹笼的蒸笼里蒸熟，取出倒入石臼内捶打。打年糕时，通常三人相互配合，一人举木槌捶打臼中的熟粉团；一人用笊帚不断往粉团上洒冷水，降低温度；还有一人则不断将粉团翻身，避免粘底，又便于打得均匀。经过反复捶打，粉团变得滑润而有韧性。此时将粉团取出，放在干净的门板上，由两人用扁担将粉团压成一块二三厘米厚的长方形大糕坯，最后妇女们会用棉线将大糕坯划成一块块年糕。轧热闹的孩子们，一边哄抢多余的边角，一边用毛笔管蘸上红水，在年糕上打红印，气氛十分喜庆。

除此之外，人们还忙着置办各色年货，供吃年夜饭时用，以神牌马幛、鸡鸭鱼肉、糖果糕点等为主，还要制作各种腊货，为家人添置新衣，亲友之间也相互赠送年礼。

（3）谢年

也叫"祝福"、"作年福"、"作冬福"。民间到了年终这一天，祭拜百神以及先祖，祈求赐福来年祥瑞，这在浙江绍兴地区颇为流行。旧时嘉兴也有此俗。与绍兴不同的是，嘉兴地区的谢年不祭祖只拜神，本地人称之为"过年"，在嘉兴的外地人以及在外地的嘉兴人则叫它"谢年"。

谢年在农历十二月廿六至十二月廿八之间任选一天夜间举行，即在送灶日以后、小年夜之前进行即可。谢年仪式一般在堂屋举行，摆上一张长方形东坡桌，一张或两张八仙桌，并供上神佛马幛，以及酒、饭、茶、面、菜各色供品。谢年仪式的供品十分丰富，也很讲究。据《浙江民俗大观》记载，酒盅有十二至二十四只，酒壶两把，饭、茶、面各三至五盅。米饭上覆盖有红色的"福"字剪纸；面则绕成宝塔形，盖有"寿"字剪花。

酒、茶、饭、面前，依次摆着糕点、三牲和果品。糕点有糖糕、寿桃、定胜

春节书春联（原载清代董棨《太平欢乐图》）

糕、团子、小圆子、元宝形年糕等。糖糕上印有盘龙、如意、双鱼吉庆等吉祥图案。三牲是鸡、肉、鱼。鸡是白阉鸡,摆放很有讲究,鸡爪弯到肚子里,鸡翅插在鸡背上,鸡嘴咬住一只鸡腰子,鸡尾巴上留几根大羽毛。肉取猪长肋一大块,烧到半熟即可。鸡和肉都放在木盘里,再放上一把菜刀。鱼用大活鲤鱼或者花鲢鱼一条,绑在木盘里,鱼眼贴上红纸。三牲也都要盖上剪纸花。另外,再取一条小鲤鱼,在背鳍上穿一条红绳子,把绳子的一头固定在梁上或者天花板上。鲤鱼鲜蹦活跳,寓意鲤鱼跳龙门。果品有福橘、香蕉、红苹果、红皮甘蔗、生梨等水果,也有桂圆、荔枝、红枣、核桃等干果,还有毛芋艿、慈姑、荸荠、花生等。

桌上有一副大蜡签,一对大红蜡烛;两只香炉,分别点着"寿"字香和檀香。蜡签上各挂一串贴锡箔的黄纸大元宝。桌前围上红绸绣花桌帏。

晚饭时仪式开始,点烛、上香后,人们按照长幼次序依次行跪拜礼。半夜过后,人们围坐在一起吃汤年糕。天亮时,放高升炮仗,焚化元宝、马幛,送神上天,仪式至此结束。

(4)年夜饭

农历十二月三十大年夜吃年夜饭的习俗,全国各地都有,但嘉兴一带却有吃两次年夜饭的习俗。大年三十吃的叫作"大年夜饭",主要是家庭成员大团圆。还有一次在农历十二月廿七,叫作"小年夜饭",主要为了敬神,也会邀请一些亲朋好友共同庆贺。

这个习俗由来已久,两次年夜饭的内容也有所不同。小年夜饭的菜肴以敬神用的鸡鸭鱼肉为主,另外再加些家常小菜。大年三十是全家团圆的日子,这一天,家庭成员无论身在何方,都会尽最大努力赶回来吃这顿团圆饭。因此,大年夜饭就要丰盛得多。除了鸡鸭肉蛋之外,有四道菜必不可少,就是发菜、肉圆、全鱼和粉丝。"发菜"谐音"发财",肉圆象征团圆,全鱼表示年年有余,粉丝代表长寿。吃剩的要盛在饭箩里,并在上面插上松柏枝,到新年里再蒸熟,俗称"隔年饭",预示年有余粮。清顾禄《清嘉录》卷二十"年饭"一节中记载:"煮饭盛新竹箩中,置红橘、乌菱、荸荠诸果及糕元宝,并插松、柏枝于上,陈列中堂。至新年蒸食之,取有余粮之意，名曰年饭。"嘉兴一带旧时亦有此俗。

吃两次年夜饭的习俗至今仍在当地流传。有的地方农历十二月廿九吃小年夜饭，这一天，出嫁的女儿会和女婿、外孙儿女回娘家吃小年夜饭。大年夜饭则必须到夫家吃。年夜饭的内容近年来也发生了一些变化，比如在发菜前又加了一道莲子羹，讨个"连发"的好彩头。

除夕之夜，长辈还要给晚辈压岁钱，希望孩子们平安健康。是夜，还有守岁的习俗。一家人欢聚一堂，喝茶、聊天、玩闹，一直到午夜十二点才可以睡觉。

（5）新年祈福

旧时大年初一有放开门爆竹、接灶、拜年、烧头香等习俗。开门爆竹除了祛除邪祟，还有"高升"的寓意，也营造了热闹的节日气氛。接灶，则是迎接新入户的灶神，祈求其在新的一年里给予更多的福气。接灶一般很早，有的人家天不亮就在新请的灶神马幛前点起香烛，供上一碗接灶圆子，请灶神下界。俗信以为，唯有早，才能接到精明强干的灶神；接迟了，只能接到老弱病残的，不能为自家带来福运。接灶以后，要向家中长辈拜年。

大年初一，海宁一带有烧头香的习俗，祈求菩萨保佑新年有个好开端。嘉兴城乡的妇女，不论年轻或者年长者，提前几天就做了准备。待到大年初一天不亮就起身，梳洗打扮停当，带上装满供品的香篮，各自往附近的寺庙中抢烧第一炷香。当地俗信认为，第一炷香十分灵验，因此有的人隔夜就准备了。旧时海宁马桥乡一带流传着一首有趣的民谣："张家小姐烧头香，隔夜打扮巧梳妆。困觉只好扑转身，谁知困到大天亮。急急忙忙进庙堂，庙里蒲凳已抢光。小姐实在没办法，只好苦苦求和尚。"

海宁东部的妇女这天还有走十庙的习俗。她们往往天未亮就出发，在家门口放个开门炮仗迎新，然后由近至远到附近十座庙里烧香拜佛。俗信以为十座庙不可重复，但最后一座必须是土地堂，也有称"禹秦二王庙"的。当地的一些乡绅有时也会共同出资，请道士主持庙堂里的祭拜仪式。仪式过后，占卜来年的米市、丝市以及天时雨水、人口吉凶等。

从年初二开始，人们陆续开始走亲访友，四处拜年，俗称"吃年酒"。拜年时，都要准备一些干果、蜜饯、茶食，用纸包成一个个大小不等的长方形，以上小下大的顺序扎好，上盖一张红纸，以示尊敬和祝福。亲友之间你来我往，互吃年酒，一

岁时节日习俗
嘉 兴 民 俗

正月初一烧头香（张庆中2007年摄于海宁惠力寺）

直到正月十五年菜吃完才告一段落。当地俗语说："拜年拜到正月半,烂塘鸡屎炒青菜。"

（6）接路头

年初四接路头,也叫作"接财神"。俗信以为正月初五是五路财神生日,为了抢早,往往从年初四就开始迎接财神。这一天,各家店铺的掌柜都会派人提了灯笼到庙里进香,灯笼上要写清楚自家店名,好让财神爷认清楚了。店员在庙里点烛进香,然后取上几根点燃的线香,提着灯笼又回到店里,把灯笼挂在自家大门口。

此时,店堂内早已布置停当。大堂中央靠墙摆着长条形的供台,台前放两三张八仙桌,围着桌帏。桌前摆着一对大蜡烛,中间是插着香的香炉,店员从庙里带回来的香也要插进香炉里。供台上是财神爷的马幛。供品有三牲、水果、印花糕、团子等。一根筷子从屋顶挂下,直至桌前,筷子两头各系一条大小相称的活鲤鱼。鲤鱼不停地跳动,象征着鲤鱼跳龙门,招财进宝。长条桌的中央还要摆上一串糯米粉捏成的元宝,九只元宝由大渐小依次排列,元宝间隙里还须插上一条条小块的镜面玻璃,周围还有七彩纸扎成的纸花。这串元宝要过了正月半才能取下来。

祭神开始后,由掌柜带头在供桌前向路头菩萨,也就是财神爷跪拜叩头。然后由掌柜叫名字,从管家、账房到伙计,依次上前行跪拜礼。如果没有被掌柜叫到名字的,意味着此人不再被聘用。为了避免尴尬,一般都事先通知好了。祭神结束后,两条活鲤鱼要立即放生。接着,掌柜和店员聚在一起吃路头酒。

接路头这天夜里,街市上还要舞龙、舞狮,锣鼓喧天。当狮、龙舞到店门口时,店家总要比平时更加慷慨地施舍一些糕团、铜钱,求个吉利。

随着时代更替,春节习俗发生了许多变化,但人人都希望来年人财两旺、趋吉避祸的心愿始终没有改变,旧时一些节俗活动至今依旧为这一带民众所津津乐道。

2. 元宵节

正月十五元宵节,古称"上元节"、"元夕节",是流行于全国各地的传统节日。元宵节为灯节,嘉兴各地都有挂灯、迎灯、观灯和一系列民间文艺表演活动。旧俗正月十三上灯,至十七收灯。清乾隆《古禾杂识》卷一记载:"上元灯市十三日上灯,十七日

收灯。杂彩扎缚鳌山、绣球人物、楼台,灯有五色、明角、宫纱、剔墨、料丝。"

旧时,这一天各家都要敬神供祖。海盐一带有斋佛献灶的风俗,即在灶头和堂屋的八仙桌上摆好汤团,装点香烛,叩拜祖先神灵,并在灶山上设龙亭,挂门帘,帘前压上一把筷子。

晚上则通宵张灯,供人玩赏游乐,十分热闹,嘉兴城内灯会以鳌山最为华丽,农村以调马灯为娱乐。

嘉兴市秀洲区新塍镇鳌山灯会自清代始。清代《新塍琐志》卷二载,当时"于水面装成园囿、泉石、亭台、人物、花卉,争妍斗巧,愈出愈奇,远方来观者舟以数万计",其盛况可见一斑。鳌山是大型灯彩,由五百多盏花灯堆叠起来,扎成小山状,形似传说中的巨鳌,因此得名。它以亭台屋宇、山石园林为背景,中间有一童男操纵木偶装扮成一出戏文。木偶的头部、躯干、四肢均可以用线抽动,做种种表演,形象逼真,引人入胜。鳌山底座以木架支撑,由两人一前一后扛着行走,因此又称"掮山"。

元宵灯事(原载清代董棨《太平欢乐图》)

灯会当日,全镇各坊制作各色彩灯和鳌山,傍晚时分聚集在能仁寺前整队迎灯。迎灯的队伍以起马牌为前导,敲锣打鼓,并配有丝竹演奏,以及地戏、马灯、调无常、高跷、各色灯彩,最后才是鳌山,与其并行的便是典雅、精致、细巧的各色纸凉伞。2009年6月,新塍元宵民俗被列入第三批嘉兴市非物质文化遗产名录。

海宁硖石元宵灯会素以灯彩之针功精巧、细美以及良宵迎灯之盛况而享有"江南第一灯会"的赞誉。硖石灯彩始于唐而盛于宋，距今已有一千二百多年的历史。它以竹篾为骨架，糊纸绘图，手工针刺花纹，巧夺天工。灯彩以灯透彩，亮灯之后，各种书画图案跃入眼帘，流光溢彩，美不胜收。南宋范成大《灯市行》中有"叠玉千丝似鬼工，剪罗万眼人力穷"之句，赞叹它比轻罗、织锦剪裁的罗锦灯更加精巧、美观。迎灯之夜，街头巷尾张灯结彩，人们手提肩扛各色灯彩，在丝竹、管弦、鼓钹声中四处游走，迎灯的队伍往往绵延数十里，观灯者更是人山人海，一片欢腾。

海盐有滚灯习俗，历史悠久，一般在元宵灯会上表演。表演者以滚灯为道具，舞姿潇洒、英武，具有较强的杂技性和竞技性。传统的滚灯直径约一百二十厘米，用十二根竹篾扎成六角形的球体，中间装一个小球，约五十厘米，可以旋转，上面蒙布，布分红、黑两种：蒙红布的为文灯，表演时用；蒙黑布的为武灯，比武时用。传统滚灯的动作丰富多变，有九套二十七个动作，每个动作都有固定的名称，如戤滩、张飞双跨马、苏秦背剑、燕子飞等。整套表演融杂技、舞蹈、武术动作于一体，如托举、跳腾、侧手翻、倒立、蹲扑、叠罗汉等，颇为壮观。

嘉兴乡间盛行走马灯，也称"调马灯"。用竹扎纸糊的马头马尾，马头系在表演者腹部，马尾系在腰部，好像人骑在马上一般。表演者手持各色花篮，有十二生肖、

1980年海宁硖石元宵灯会（方炳华/摄影）

十二花名、十二戏文，串乡走村，到各村各户的场地上表演。所到之处受到各家各户热情款待，有的还邀请亲戚朋友来看调马灯，热闹非凡。表演直至深夜，尽兴方散。

桐乡乌镇元宵有走桥习俗，清乾隆年间《乌青镇志》卷七载"上元夜妇女游桥爇香烛，逢桥插之"，此俗一直延续至今。是夜晚饭后，妇女们相邀结伴，三五成群出门走桥，近代以来也有男子加入其中。他们手提灯笼，穿街过巷，游桥观赏。行走的线路需要事先规划好，路途不能重复，更不可原路返回，中间至少得走过三座桥，路程的远近量力而定。关于此俗的来历，当地相传，正月十五夜晚药王巡视人间，人们带着药罐出门，顺手丢下桥，将病魔弃在了河边。走过桥，病魔不能跟随，便会被药王收了去，可保这一年无病无灾。后来药罐渐渐不丢了，走桥的习俗却保留下来。

旧时，乡间还有烧田蚕（财）、掼火把习俗。村民高举点燃的稻草把，在田岸上一边奔跑，一边喊着祈祷天蚕丰收的祷词。有的村子里还敲锣打鼓，舞火流星，以壮声势。俗信以火把上的火旺不旺来占卜一年农事和蚕事的丰歉。火旺，预兆田蚕丰收；火不旺，预兆田蚕歉收。此外，乡间妇女往往在此日请紫姑神占卜诸事吉凶，俗称"接淘箩头姑娘"。

元宵，嘉兴一带称为"圆子"，也是不可缺少的节令食品。大多用水磨粉制作而成，比团子小且圆，因为常常带汤一起吃，又叫作"汤团"、"汤圆"。圆子有大有小，大的有如乒乓球，小的好比龙眼。圆子里有馅，有的是鲜肉，有的是猪油豆沙。也有如弹子一般大小的无馅汤圆，吃的时候要加上桂花糖，也有放酒酿白糖的，叫作"酒酿圆子"。圆子煮时水要开，加两三次

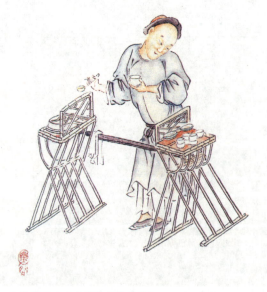

元宵吃圆子（原载清代董棨《太平欢乐图》）

冷水，待到它浮起便熟了。嘉兴方言中"浮起"与"和气"谐音，所以俗称"和气汤团"，寓意和气生财。

3. 花朝节

农历二月十五日是花朝节，俗称"百花生日"。古代文献中对此早有记载，明代《西湖游览志余》卷二十"熙朝乐事"载："二月十五日为花朝节，盖花朝月夕，世俗恒言，二、八两月为春、秋之中，故以二月半为花朝，八月半为月夕也。"

花朝节这一天，人们一早起来就把红绸、红纸或者彩纸剪成长条状，挂在窗台、果树上，祈求果树丰收。南湖区新丰汉塘河畔至今仍保持着这种习俗。到了这一天，大家会把迎春、宝石、水仙等花卉摆到空阔的场地上，供众人欣赏。

在嘉善一带，花朝节则在农历二月十二日。这一天，家家户户要给果树做生日。生日一般由家中年长妇女负责。她们先把果树园里的杂草除净，然后松土。到了中午时分，在一棵棵树干上贴一方红纸，俗称"赏红"。用稻草裹住中间部分，在树枝

南湖区新丰镇果农给桃树做生日（高金祥摄于2008年）

交叉的地方压上一块石头。随后，双手扶着果树，口里念念有词："桃子今年多哦？
多嗷！桃子今年大哦？大嗷！桃子今年蛀哦？勿蛀！桃子今年脱哦？勿脱！"念完后，
拿起小刀，在树干中部不轻不重地砍上一刀。当地俗信以为，果树长势过旺，果实
容易脱落，砍上一刀，可以起到"回滋"的作用。因此，这一刀轻重颇有讲究，太重了
会伤害到果树。如此这般，主人要把一棵棵果树都祭祀过来。如果果园里套种了梅
树、李树等，则按照桃、梅、李、杏的顺序——祭祀。

嘉兴花朝节的习俗由来已久，20世纪50年代还十分兴盛，到"文化大革命"时
期渐趋衰落。改革开放以来，随着农村果园的不断发展，这一习俗又得以复兴。

4. 清明节

清明是二十四节气之一，时间在农历三月间。嘉兴民间俗谚云"清明大似年"，
此时春光明媚，农事蚕事尚未开始忙碌，因此庙会、水会、踏青等活动均在此期间
展开，十分热闹。

清明时节，各地都有到逝去的亲人墓前祭扫的风俗，只是扫墓日期不同，大约
都在清明前后十天之内，而海宁一带却是正清明扫墓。说到它的由来，还有一个
"孝子寻娘"的动人传说：当年朱元璋的母亲陈氏因战乱流落到海宁一带，在钱塘
江边的一个破庙里生下了朱元璋。后来，朱元璋当上了皇帝，四处寻访母亲，经多方
打听得知母亲早已不在人世，便命令海宁州府，民间祭扫祖坟一律定在正清明。清
明日，他派人四处察看，凡是坟头没有压纸钱的孤坟，就细加勘查，最后终于找到了
母亲的墓穴。从此，正清明扫墓的习俗就在海宁一带流传下来。

旧时，扫墓祭祖常常会吸引附近民众围观，放牛娃尤其多。待扫墓祭祖人家摆
上鸡、鸭、鱼、蹄髈以及青团等供品，行完叩拜礼仪，这些围观者便一拥而上，抢夺
供品。主人家不但不阻止，反而十分欢迎。此俗在嘉善、海宁等地曾十分盛行，俗称
"抢坟"。俗信以为，越抢越兴，若是无人来抢，则预示这户人家该年不旺。碰到这

种情况，主人家便会主动将供品分给周围的人，讨个吉利。

　　清明节，各地还有摇快船的习俗，嘉兴市区又称"踏白船"，是一种农船间的赛事，比赛各村农船的快慢。赛前有祭祀，观者如堵，十分热闹。老人以为，此俗也与当地养蚕有关。

旧时海盐清明扫墓祭祖（朱傧摄于1937年）

　　清明夜，蚕农们在家门口燃放鞭炮庆祝，家人共聚一堂。此时，家家户户都要准备丰盛的菜肴，先祭神祭祖，然后全家聚餐，俗称"吃清明饭"。其中有四样菜不可缺少，就是炒螺蛳、糯米嵌藕、发芽豆、马兰头。这些传统菜都与养蚕有密切关系，其中寄托了蚕农对即将到来的蚕事生产的美好心愿。

　　吃螺蛳的习俗由来已久。民国时期桐乡《濮院志》卷六载："清明前一日谓之清明夜……食螺蛳名曰挑青，盖蚕病谓之青娘，故云。"可见此俗的由来与养蚕有关。旧时有一种蚕病叫"青娘"，吃螺蛳时用针挑食称作"挑青"，吃过螺蛳就表示此病已除。

　　吃完的空螺蛳壳要抛上房顶，其中的缘由，当地流传着几种说法。一说过去老式瓦房的瓦片上有一种叫"瓦刺"的小虫子，若跌入蚕室会刺伤蚕宝宝。屋顶上撒了吃过的螺蛳壳可以引诱瓦刺爬进壳内，使蚕宝宝免遭伤害。还有一种说法是清明夜大家一起把螺蛳壳撒上屋顶，发出一阵阵沙沙声，可以驱除鼠患，从而起到保护蚕宝宝的作用。

　　如今农村住房条件改善，大多数人家都建起了楼房，清明夜虽然仍要吃螺蛳，但抛螺蛳壳只是象征性地做个样子罢了。

　　此外，吃藕预示着蚕宝宝吐的丝又长又好。大蒜、韭菜、马兰头被称为"三青"，是清明餐桌上不可缺少的时鲜蔬菜。吃发芽豆则讨个发家致富的好彩头，祝愿蚕宝宝长得好，蚕花廿四分。

　　清明，江南一带都有做清明团子的习俗，嘉兴也不例外。制作时，先将糯米和适量的粳米混合，磨成米粉，再加入水，和成粉团，然后搓成乒乓球大小的团子形状，放在镟子或蒸笼里蒸熟即可。清明圆子有白、青、红三种颜色。青团子是在米粉中掺入艾草汁做成的，因此也叫"草头团子"。红团子是在和粉团时加入煮烂的老红南瓜。海盐一带流传着一个有关青团子的传说：当年太平天国起义，海盐有个农民张三救下了忠王李秀成。为了躲避清兵的盘查，他在米粉团子里掺入艾草，假冒肥料，蒙混过关，送给李秀成吃。后来，李秀成还专门到海盐拜访张三，学了做青团的本事，带回兵营，广为流传。

5. 立夏节

　　立夏是二十四节气之一，预示着夏季的开始。从这一时令起，农作物长势旺盛，农业生产越来越繁忙，俗谚"立夏三朝遍地锄"。嘉兴民间，立夏日向来十分热闹，其中给人印象最深的莫过于吃野米饭和称人。

　　立夏这天一大早，孩子们就三五成群，提着篮子，讨百家米，还到店铺去讨些鲜肉、咸肉，然后又到田地里采新鲜蚕豆。看到孩子们来采豆，主人家不但不生气，反倒高兴，任孩子们采摘。孩子们并不会集中在一处采摘，要多跑些田畈，每处都要采些，俗信认为这样孩子们吃了才能健身。如果遇到竹园，也要去讨些竹笋来。等材料收集齐全，就在田头搭起灶头，拾些柴火烧起来，这就是野米饭。有的地方，人们还要到山上去采一些乌米饭叶，用水泡在糯米中，糯米就被染成了深蓝色，然后拿掉乌米饭叶，蒸出来的饭就是乌黑色的，又被称为"乌米饭"。据说，孩子们吃了以后可以驱蚊子，强健身体。

　　立夏还要称人。这一天，村口摆上一杆大秤，人人都要上去称一称。称的时候颇多讲究，比如秤砣不能向外挂，不能朝里移。报数字的时候不能说"九"，逢

立夏称人（郁建明2011年2月摄于海宁斜桥）

岁时节日习俗

嘉 兴 民 俗

"九"要报"十"，这样才吉利。孩子们去称的时候，口袋里还会揣上一块石头，想称得重些，长得快些，叫作"石寿"，祈望长寿之意。嘉兴民间也有在正月初七"人日"称人的。

立夏时节，气温升高，果实成熟，各种时鲜果蔬竞相上市，嘉兴民间又有"立夏尝三鲜"的说法。清顾禄《清嘉录》卷四载："立夏日，家设樱桃、青梅、穤麦，供神享先，名曰立夏见三新。"旧时，人们常在立夏这一天，用三种鲜果招待客人，供奉神灵，并相沿成俗。在民间，人们对三鲜有各种解释，有的说三鲜是蚕豆、黄瓜、苋菜，有的说是樱桃、梅子、枇杷，也有人说是黄鱼、鲥鱼、海蛳。近来人们更是创造性地将上述各种说法概括为"陆三鲜"、"空三鲜"以及"海三鲜"。

塌饼也是立夏的节令食品之一。塌饼很薄，形状扁塌塌，有菜馅、肉馅，也有实心无馅的。海盐一带传说它的由来和三国时的刘备、孙权有关：当年刘备派赵云带了一份厚礼到东吴去，其中就有数百个米团子。哪知赵云到达吴国之后，数百个米团子早就被压得扁扁的了。赵云灵机一动，谎称这就是蜀国最有名的塌饼，孙权听后十分高兴。由于赵云到达吴国的日子正好是立夏日，孙权便将这种塌饼叫作"立夏塌饼"，分给大小官员及嫔妃、宫女们品尝。后来，每到立夏日，吴国王宫就仿效蜀国，用江浙一带的米粉做塌饼，并且逐渐流传到民间，绵延至今。

立夏的节令食品非常丰富，民众们都喜欢趁此机会尝尝新。立夏蛋也非常普遍，当地俗语说："立夏吃只蛋，力气多一万。"有的地方要吃香蛳，俗称"嘚螺蛳"，说是懒虫就躲在螺蛳壳里，把它嘚出来，人就不懒了。还有把整条山笋放进盐水里泡着吃，叫"吃健脚笋"，可以强健脚骨。有的地方要吃五虎丹，把红枣、黑枣、胡桃、桂圆和荔枝放在一起炖。也有吃"三两半"的，党参、当归、黄芪各一两，牛膝半两，煎汁来喝，为的是滋补身体。嘉兴民间也有立夏是酒仙生日的说法，要喝立夏酒。

立夏丰富的食品，增添了乐趣与节日气氛，其中不少沿袭至今，深受嘉兴民众的喜爱。

6. 端午节

农历五月初五端午节，是嘉兴地区的一大盛事，各种节俗活动异彩纷呈。近年来，政府文化部门对继承、弘扬传统习俗十分重视，经过普查、甄别、整理，传统的端午节俗得到很好的恢复和传承。

节日总是伴随着民众丰富的饮食生活，粽子、煨蛋、"五黄"、蚕花饭等都是颇有地方特色的端午节令食品。

嘉兴作为稻作文化发祥地之一，端午节包粽、吃粽的风俗千百年来盛行不衰。清乾隆年间《古禾杂识》卷三提到："寒食节有青团灰粽。乡人则作茧团，其形如茧，以祈蚕也。立夏节有麦芽团；端午节有端午粽。"当地俗谚"不食端午粽，老来没人送"，"未吃端午粽，寒衣不可送"，"吃了端午粽，还要冻一冻"，可见粽子在嘉兴端午习俗中不可或缺。嘉兴五芳斋粽子在全国乃至东南亚国家都享有盛誉。

在桐乡石门一带农村，端午节有给孩子吃煨蛋的习俗。这一天，各家各户都要准备好青壳鸭蛋以及一个养蚕时用来生火的瓦盆。盆内有晒干的蚕豆壳、蚊子草、蛤蟆草和菖蒲草等，待午时一到，先点燃蚕豆壳，再将各种草叶覆盖上去，用扇子猛扇，直到盆内浓烟滚滚。据说这种烟能驱蚊，因此瓦盆也被称为"驱蚊盆"。这

农家过端午（徐建荣2011年摄于桐乡河山）

时，人们就在青壳鸭蛋上钻一个小洞，塞一只蜘蛛进去，再把洞口封起来，放进驱蚊盆煨熟。等熟后，把蜘蛛取出，蛋就给孩子吃了。当地俗信认为，这种煨蛋有祛毒的作用，孩子吃了以后，就不怕蚊虫叮咬了，夏天也不会生痱子和疥疮。

端午节也是嘉兴一带春蚕收获的季节。为庆祝蚕花丰收，当天晚上蚕农们点烛焚香，摆上鸡、猪头等供品，祭祀蚕神嫘祖，举家叩拜"蚕花利市"，也有犒劳自己的意思，俗称"吃蚕花饭"。

嘉兴人过端午总喜欢在门上挂"三草"，午饭吃"五黄"。"三草"指的是大蒜、艾叶和菖蒲。"五黄"说的是黄鱼、黄鳝、黄瓜、咸蛋黄和雄黄酒或者雄黄豆。许多人家还会在这一天燃熏苍术、白芷等，俗信以为这些东西有助于驱邪避灾，使人们避免毒虫的侵扰。

不少孩子戴着虎头帽，穿着虎衣、虎头鞋，围着虎兜，佩着香囊。虎是百兽之王，父母们希望借着虎的威力，趋吉避邪。香囊也有消毒、驱虫之用。每年端午过后，各种虫类活动频繁，"三草"、"五黄"、苍术等也符合现代科学的卫生要求，有利于人们的健康。此类习俗至今仍流行在当地民间。

端午节还有贴"五毒"符的习俗。"五毒"指的是蝎子、蜈蚣、壁虎、蟾蜍和蛇，

海宁端午灵符——四季平安符：朱天君菩萨、岳（飞）天君、赵玄坛天君、哪吒天君（海宁市斜桥镇云林寺道人作于1985年端午节 朱关良／供图）

人们希望用以毒攻毒的方法驱走毒物。旧时，妇女用丝绸制成小人、老虎、蜈蚣、蛇等形状的发髻，插在头上，以辟邪健身。家家户户还在堂上悬挂钟馗、关帝像，供瓶插菖蒲、艾枝，门户左右插放根部包有红纸的菖蒲、艾枝，另用红纸书写"五月五日午时书，赤口白舌尽消灭。菖蒲如剑斩八节妖邪，艾叶如旗招四时吉庆"的词句张贴于门外，以驱除邪气。市面上敲锣打鼓，跳黑面钟馗、红须天师舞，驱鬼驱邪，祈求平安。正午时分，人们用手指蘸些雄黄酒，在每家每户的门上写"王"字，在孩子额头上写"王"字，以驱除毒虫和毒气。

嘉兴端午龙舟竞渡源远流长，相传源于春秋时期纪念伍子胥。东汉邯郸淳在《曹娥碑》中记载，每年农历五月初五，浙江人民要迎涛而上，迎接潮神伍子胥。端午节期间，南湖还要举行规模盛大的龙舟竞渡。清乾隆年间项映薇《古禾杂识》、清代陈元颖《砚农文集》等历史文献均有这方面的记载。据陈元颖《烟雨楼观竞渡赋》可推知，至迟在清雍正年间南湖就已经有端午竞渡之举。此俗流传至今，可分为龙头祭庙、挂灯下水、龙头点睛、鸣炮竞渡几个步骤。竞渡前，各个船队要抬着龙头到烟雨楼嫘祖阁祭祀嫘祖，摆上粽子、五毒节饼、樱桃、黑桑椹等供品，焚香秉烛，队员们上香祭拜，行叩拜大礼。然后将祭祀后的龙头安装在龙舟船头，在龙舟上挂上彩灯，抬龙舟下水。出发前，祭司或当地德高望重的长者用毛笔蘸上朱砂，为每

南湖竞渡（郁中奇摄于2010年6月）

清代朱芳蔼作《天中即景图（五毒图）》（嘉兴博物馆藏）

条龙舟的龙头点睛。随后一声炮响，百舸争流。有时龙舟被卷入漩涡中，只见全船健儿用力疾转船身盘绕而出，引得两岸欢呼，万人喝彩。

关于端午节的起源，嘉兴民间多传说是祭祀伍子胥，表达了民众对春秋时期名将伍子胥的颂扬和怀念。境内至今还留存南湖胥山遗迹、秀洲吴越国界桥、嘉善茜泾塘、平湖水仙庙、海盐尚胥庙古戏台、海宁海神庙、桐乡纪目墩等文化纪念物和地名，并口耳相传着与此相关的一大批传说。

新世纪以来，嘉兴端午习俗得到全市各级政府和文化部门的高度重视，使其获得了有效的保护、传承和弘扬。2008年6月，嘉兴端午习俗被列入首批浙江省民族传统节日保护基地。2009年10月，中国端午节被联合国教科文组织宣布为"人类口头和非物质遗产代表作"。2010年6月，中国民俗学会在嘉兴设立全国首个中国端午文化研究基地。2011年5月，嘉兴端午习俗被列入第三批国家级非物质文化遗产名录。自2010年起，国家文化部和浙江省人民政府连续四届主办了中国·嘉兴端午民俗文化节，在海内外产生了广泛影响。2013年6月，中国民俗学会和嘉兴市政府历时两年合作完成专著《中国端午节》，全书分为研究卷、史料卷、民间

端午节回娘家习俗（王友生1985年6月摄于嘉兴郊区王江泾）

文学卷、俗文学卷、图像卷和嘉兴卷共六卷，计二百十六万字，四百五十八幅图片，成为中国端午节研究和中国传统节日研究领域最大的一套资料集成。联合国教科文组织北京代表处文化遗产保护专员杜晓帆博士表示："这套专著是最好的对端午节的记录。它对一个节日做了这么深入的记录研究，对世界非物质文化遗产的保护和传承起了很大的作用。同时，作为一种传播手段，它使中华文化得到国际社会的认可，这一点意义非常重大。"

7. 七夕节

七夕，又称"乞巧节"，为农历七月初七夜。相传此日牛郎、织女在天河鹊桥相会。千百年来，人们对于他们的爱情寄予了无限的同情。这一天，人们用各种不同的方式表达对牛郎织女的美好祝福，嘉兴地区的民众也不例外，逐渐形成独具地域特色的节俗活动。

是夜，女子都要摆巧果乞巧。清光绪年间《嘉兴府志》卷三十四载："七夕，妇

岁时节日习俗

嘉 兴 民 俗

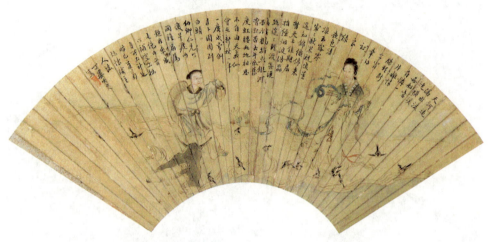

清代丁晏作《鹊桥相会图》扇面（嘉兴博物馆藏）

女结彩缕穿针月下，陈瓜果祀牛女星，曰乞巧。捣金凤花染指甲。女子于月下穿针，三穿而过者，谓之得巧。"七夕习俗源于牛郎织女传说，是夜演戏，一般都点演《牛郎织女》。嘉善农村家家用西瓜祭祀牛郎织女，用脸盆接露水，当地俗信认为露水是牛郎织女的眼泪，用来抹眼睛和手，可以使人眼目清亮，心灵手巧。

桐乡的濮院镇，农历七月初七盛行请杼神、汰巧头、吃巧果的风俗。传说织女善于纺织，漫天美丽的彩霞就出自她的一双巧手，被民间尊奉为"杼神"。濮院镇以盛产丝绸闻名于世，每年七夕，镇上的妇女都要祭杼神。这一天，妇女们会用木槿树叶泡水，洗澡汰头，称为"汰巧头"。然后，换上一身光鲜的丝绸衣服，结伴到街市上采购一些时鲜水果，比如水蜜桃、大福果之类。吃过晚饭以后，就在院子里摆上供桌，点起香烛，放上水果，这些鲜果被称为"巧果"。然后，妇女们对着天空遥遥祭拜杼神，祈求织女传授她们机织之巧。民国时期《濮院志》卷六载："妇女七夕竞买西瓜、菱、藕，露悬庭中，经夜有蛛网萦之，谓之得巧，用以饲小儿女。"俗信以为巧果必须在露天放置一个晚上，第二天早上若是结了蜘蛛网，就表示织女已传授机织之巧，随后便可拿果子分给孩子们吃。

至于这个习俗的来历，当地流传着善花姑娘的传说。据说很久以前，镇上住着一个名叫善花的姑娘，与痴呆的弟弟、年迈的祖父母相依为命，一家人的生计全靠她替人帮工代织。为了能学到织女的好本领，善花在农历七月初七的晚上，用十多种水果搭成了一幅牛郎织女鹊桥相会图。织女被她的诚心感动了，不仅传授给她纺织的秘诀，还把自己的神梭送给了她。善花的弟弟吃了供桌上的水果之后，痴呆全消，也变成了一个织绸高手。后来，善花把织女教的纺织花样、窍门传授给了镇上的姑娘们，使得濮院镇的丝绸更加出名。从此以后，桐乡农历七月初七请杼神的习俗就一代一代传了下来。

民国初年，随着濮院镇丝绸业的衰落，七月初七请杼神的习俗已淡出，汰巧头、吃巧果的风俗则依旧保留了下来。

嘉兴市秀洲区油车港镇古窦泾村一担庙的民众，每年乞巧节都要自发举行香桥会。这一天，方圆十里内的香客们早早就准备好了搭香桥所需物品，有用红绿纸包起来的檀香，有数十裹裹头香，每裹是一尺长线香十支，还有粗管香、蜡烛以及一些水果、糕点等。香客们在一担庙聚拢后，由四名手艺出众的男香客负责搭香桥。

先用裹头香搭成四五米长、一米八高、五十厘米宽的桥身，桥两面用双支粗管香装成桥栏杆，并在栏杆上扎上红绿毛线做成的装饰。桥中央用檀香搭成桥亭，桥面上铺满了金黄色的元宝纸锭。香桥搭成后，东西向再摆一张长条桌，上面摆满了各色水果、糕点。

七月七香桥会（陈双虎2012年8月23日摄于秀洲区古窦泾村永昌寺）

岁时节日习俗
嘉 兴 民 俗

　　香烛点燃后，香客们依次参拜。午后，香桥会接近尾声，焚化香桥，香客们再次朝拜，并齐声唱道："一星桥，二星桥，三来要拜神仙桥。香头伯伯有功劳，搭香桥师傅心工巧。香桥上头好跑人，下头好过九龙船。鲁班先师合龙桥，丝网娘娘看仙桥。仙男仙女同过桥……"

　　据当地老人回忆，香桥会最早在民国初年就已颇具影响。早期的香桥上除了"四季平安"之类的纸制匾额外，两侧还有对联："云影当空两水平，箫笙何处玉人来；依依难舍话别离，一年一度七夕会。"随着岁月的推移，香桥的形制也在不断衍变，曾经出现过三孔桥上设桥亭，用裹头香堆砌石级的形制，色彩变化也十分讲究。"文化大革命"时期，香桥会一度停办，1979年开始恢复，1980年以后每年参加者达数千人。2012年6月，七月七香桥会被列入第四批浙江省非物质文化遗产名录。

　　在嘉兴市南湖区东栅街道半墩村，村民每年都要举行七夕节活动。据传，明末清初年间，四川走方郎中孙正沿宋元驿道来到半墩铺（即今半墩村）一带行医，见村民好客厚道，便定居于此。孙正医术高明，医德高尚，不仅乐于为附近村民治病，还乐善好施。孙正故世后，村民念其恩德，于魏塘畔择地厚葬，并盖庙堂，塑神像，供奉为医神菩萨，一年四季香火旺盛。

　　为了纪念孙正，当地百姓每年在他的生日——农历七月初七那天举行扎彩龙、舞龙会、搭香桥、吃两角等庙会活动。村头锣鼓喧天，彩龙腾跃，信众持香缓行，入村赶会者络绎不绝；村里货郎吆喝穿行，戏子草台闹场，游人笑逐颜开，攀亲结友者各诉衷肠；寺庙拜佛诵经，烛明香绕，郎中祈神点化，药商乞求扬名，百姓祈望安康，酬神祈福者暗许心愿。入夜，流萤纱灯，人影憧憧，舞龙汉子酒肉解乏，姑娘小伙暗点鸳鸯，巧手老人搭起香桥；半夜时分，香桥燃起袅袅青烟，夜幕中直上云天。月儿弯弯当空照，天上人间香桥连。男女老少希望牛郎织女鹊桥相会，共同祝福合家欢乐，邻里和睦，四乡平安。这一天，村子里家家户户敞门招待各方香客，无论熟识与否都视为亲人，同吃共饮。每人只需出两角（烧香功德除外），就可在午餐和晚饭时尽兴用餐，故称为"吃两角"。经济拮据者不付钱也不会怠慢他。

　　半墩七夕节一直流传到新中国成立以后。20世纪80年代，中断十多年的舞龙会又逐步恢复，村里的人以这样的方式进行交流，追忆孙正造福乡里的故事。2009年，南湖东栅半墩七夕节被列入嘉兴市民族传统节日保护地。半墩村于2010年拆迁，尽管进城的村民每年仍然来到半墩过七夕，但随着庙会所在地的拆迁，半墩七夕节存在消亡的危险。2010年10月，东栅半墩七夕庙会被列入第四批嘉兴市非物质文化遗产名录。

8. 七月半

七月半又称"中元节"、"盂兰盆节"、"鬼节"，历史上颇受民众重视。这个节日的民俗，主要是祭祖和祭祀孤魂野鬼。

自农历七月十三日起，人们就陆续在家中祭祀先人，称为"接阿太"。各户在正厅设八仙桌，供肉、鱼、鸡、蛋及千张、豆腐干等，并摆上酒盅和碗筷，点起香烛。合家长幼依次跪拜，焚化金银纸锭，接祖宗之灵回家。

嘉兴一带农村农历七月十五日有吃馄饨的习俗。这一天，农家纷纷用新麦磨成的面粉作皮包馄饨。包的馄饨有肉馅、菜馅，也有甜馅的。馄饨煮好后，第一碗要摆在堂屋的八仙桌上，先请祖宗吃过，其余人才可食用。

关于此俗的来历，桐乡一带有一种说法：清咸丰年间，一支太平天国残余部队被清兵追到嘉兴一带，为了躲避朝廷的追捕，他们散落民间，以种地、打短工为生。后来，被当地的一个地主告发了，大批太平天国士兵被杀。清兵每杀死一个太平军，就割下他的耳朵前去领赏。正值农历七月十五，当地百姓就在祭祖时用面粉捏成耳朵形吃食，摆在供桌上，纪念那些死去的士兵，从此就传下了七月半吃馄饨的习俗。

这种习俗流传至今，但其中纪念的意味明显减弱。

9. 中秋节

农历八月十五日中秋节，俗称"八月半"，合家团圆，吃月饼、赏月，全国同俗。

嘉兴一带也不例外，却又独具特色。

旧时，桐乡崇福一带有赏月、拜月华的习俗。清光绪年间《石门县志》卷十一载："八月十五日以月饼相饷，士民治酒肴看月……妇女竟于尼庵拜月华忏。"中秋夜，晚饭过后，各家在庭院里摆上桌子，供上月饼及石榴、红菱、西瓜等瓜果，祭拜月神，妇女们还去尼姑庵拜忏祈福。

乌镇祭祀月神时还有烧斗香的习俗。中秋时，人们用线香编成一只口大底小的四方形斗香，并在四沿插上彩色三角小旗，中间竖上一炷线香编成的塔形小斗香。中秋夜，人们在天井内摆好供品，点燃斗香祭拜月神。仪式完毕，将剩下的斗香在月下焚烧。当地俗信以为"斗"意指"魁"，文曲星，燃斗香有祈祷蟾宫折桂、金榜题名的用意。

崇福、洲泉一带，中秋除了吃月饼、祭拜月神以外，还有吃老南瓜、糖烧芋艿的习俗。关于中秋吃芋艿的来历，当地传说：明朝年间海上倭寇常来桐乡一带侵扰，朝廷派戚继光率兵抗倭。有一年秋天，戚继光所率戚家军被困于山上，粮草断绝。戚继光一方面寻求突围良策，另一方面派兵在山上挖

中秋做月饼（原载清代董棨《太平欢乐图》）

野菜、草根充饥。士兵在挖草根时挖到一种不知名的草根疙瘩，煮熟一吃，味道很好。全军靠草根疙瘩渡过难关，最终趁敌不备，杀出重围，将倭寇打败。这种草根疙瘩因为是在戚家军遇难时发现的，就被称为"遇难"。后来当地百姓们将这种植物移植到山下，"遇难"慢慢地也就叫成了"芋艿"。因为打败倭寇的日子正巧是中秋节，百姓为了纪念戚家军的胜利，每年中秋都要吃芋艿。

旧时，嘉兴还有中秋夜载酒游南湖之举。硖石旧时也有中秋祭月大典。据老人回忆，民国时此俗尚有。于硖石塘桥会源庵前搭台，台上用八仙桌供大盘月饼，燃香烛祭拜，台下百姓会集，仪式十分隆重。20世纪50年代以后，此俗逐渐消失。如今人们都以互赠月饼来贺合家团圆。

10. 重阳节

农历九月初九是重阳节。是日，嘉兴各地有登山、登塔、登桥、插菊花、插茱萸、吃重阳糕等习俗。

重阳登高的习俗流传已久，平原地区高山不多，人们大多选择登塔、登桥。明清时期，嘉兴人有重阳登山、登塔的风俗。登山，一般到郊区的胥山、殳山登高望远；登塔，即登城南的真如塔和城东的东塔。清乾隆年间《古禾杂识》卷一云："（九月）九日登高，集真如塔、东塔两处，高秋云净，海上诸山，历历在目。"

重阳日，桐乡乌镇东栅的寿圣塔、西栅的西高桥，崇福的万岁桥、司马高桥，海宁硖石东山的智标塔等处，常常聚集了众多登高者。桐乡县城只有实心塔，桥也不高，人们便去爬城墙。桐乡老城墙建于明嘉靖年间，有两三丈高，于是登城也算登高了。

出外登高时，还要吃重阳糕。"糕"与"高"谐音，人们用吃糕祝福年年高。本地重阳糕为粳米制成的菱形或方形糕点，上面有红绿丝，有的还在糕里加上栗肉，糕面有红色吉祥花纹。这一天，在农村，人们往往配老菱、毛豆荚、黄南瓜、毛芋艿等煮食。此外，人们还要插菊花、插茱萸或佩戴茱萸囊，以辟邪祛病。

桐乡丝绸古镇濮院镇有九月九吃增智饭的习俗，与别处不同，值得一提。

据民国时期《濮院志》卷六载："初九日为重阳，或有携壶登高者，用赤豆秫祀灶。"这一天，镇上家家户户都要煮上一大锅赤豆糯米饭用来祭祀，亲戚邻里之间

岁时节日习俗

嘉 兴 民 俗

也相互馈赠、品尝赤豆糯米饭。当地把它叫作"增智饭"，据说吃了以后，不仅可以长力气，人也会变得更加聪明，织出的绸缎更加美观大方。

赤豆糯米饭的做法十分讲究。先要选上好的大红袍赤豆，洗净后在清水中浸泡半天，待其变软，取出，然后与当年的新糯米混合，掺拌均匀，放在铁锅里用温火

沈侗作《横山登高图》（1948年绘 嘉兴博物馆藏）

烧煮，如果能以桑树枝为柴，效果更佳。出锅后香气扑鼻，吃起来又香又糯。

关于增智饭的由来，当地还流传着这样一个传说：有一个叫巧哥的织工来到濮院镇，他看到这一带丝织行业十分兴盛，就打算在濮院定居下来，闯一番事业。为了能够织出新花样，他连续三天三夜不下织机，就以赤豆糯米饭充饥，终于在重阳节那天织出了新绸。镇上纷纷传说，巧哥之所以能够织出新绸，是因为吃了赤豆糯米饭变聪明了，因此将之称为"增智饭"，重阳节吃增智饭的习俗由此延续下来。

民国时期，濮院一带的丝织业逐渐衰落，与之相关的一些习俗也逐渐消失。但

是每年重阳节,这里的人们还是按照惯例煮上一大锅赤豆糯米饭,互相馈赠,一起尝新。

II. 冬至节

冬至是农历二十四节气之一,也是嘉兴城乡民众重要的传统节日,颇受重视,民间有"冬至大如年"的说法。是日,有祭祖、迁祖坟、移栽树木、吃赤豆饭等习俗。

冬至日祭拜祖宗的仪式颇为讲究,清光绪年间《嘉兴府志》卷三十四记载"冬至祀先,冠盖相贺,如元旦仪",仪式不亚于过新年。祭祖一般分两个阶段举行,首先祭拜"地主太太",然后再祭本家祖宗。祭时要点燃红烛,插上清香,供奉三样时鲜水果、糕饼和二荤二素,由长辈率小辈依次跪拜,并虔诚地轮番敬酒。待香烛将燃尽,焚化锡箔、元宝、佛经,仪式才告结束。如当年有家人亡故,则要请和尚拜冬至忏,寄托对故人的不尽哀思。冬至祭祖的供品中,冬至馍馍必不可少。冬至馍馍也叫"冬至团子",用糯米粉和粳米粉掺和做成,有些还包上咸菜、萝卜丝、豆沙等馅料。人们既用它来祭祖,也用来馈赠亲友,寓意团圆。

当地民众也时兴在冬至上坟扫墓,迁祖坟也在这一日。因年代久远,祖坟中的木质棺材或是先人尸骨往往会浮出泥土。此时,家人就要迁移尸骨,将枯棺材烧毁,并用缸

重阳食粟糕(原载清代董棨《太平欢乐图》)

晒鱼干、咸肉（张庆中2010年摄于海宁许村）

毙收好尸骨，重新安葬入土。同时准备一桌酒菜供品，在新坟头焚香点烛祭祀。

旧时，农村房屋一旦建好，很少迁移，往往历经几代人，屋前屋后树木也十分高大。如想移栽或是锯掉，只能在冬至日才可动工。

从农历冬至日起，白天越来越长，黑夜越来越短，一年中冬至的白天最短，夜晚最长，俗谓"日长到夏至，日短到冬至"。是夜，家家煮赤豆糯米饭，补血健脾胃。关于此俗的来历，海宁一带流传着一个传说：古时有个叫共工氏的人，他的儿子不成才，平时作恶多端，最终死于冬至这一天。他死后变成疫鬼继续四处祸害百姓，但是这个疫鬼最惧怕赤豆，于是人们在冬至煮吃赤豆糯米饭，用于驱避疫鬼防灾祛病。

冬至正值寒冷季节，民间有"补冬"之说，十分适合身体进补，进补食物以性温热为主。海盐一带羊肉十分有名，或红烧，或炖萝卜，益气补虚，温中暖下。平常人家在冬至夜有吃黄酒胡桃炖鸡蛋、黄芪炖鸡、栗子烧肉等滋补食品的习俗，民间有"冬至夜里，吃啥补啥"的说法。

冬至一过，离开春节的日子越来越近，天气也更加冷了，所以家家户户忙于腌肉、腌鱼，称之为"年肉"、"年鱼"，呈现一派喜迎新年的景象。

12. 观潮节

海宁潮，又名"钱江潮"、"钱江秋涛"、"浙江潮"，历来被称为"天下奇观"。钱塘江与南美洲的亚马孙河、南亚的恒河并称为"世界三大强涌潮河流"，而钱江潮则被誉为"世界第一大涌潮"。

海宁潮，以每月的农历初三、十八潮势最大，一年之中，又以农历八月十八的潮势最为壮观，前往观潮的人也最多。俗信以为这一天是潮神生日，故潮峰最高。南宋朝廷曾经规定这一天在钱塘江上校阅水师，以后相沿成习，遂成为观潮节。

海宁盐官自古以来为观潮胜地，有"一潮三看"的惯例，具体说就是先在盐官东七公里的八堡看东、西两潮相撞的碰头潮，再到盐官占鳌塔下看一线潮，最后去盐官西十一公里的老盐仓看回头潮。一般民众往往只选择一处观潮。

历史上海宁观潮和杭州观潮关系密切。北宋政和二年（1112年）前后，江道发生"三门变迁"，盐官城南的沙滩逐步坍塌。明嘉靖九年（1530年）海堤决口，江道逼至盐官城下，首次由北大门进出。之后，江道在南大门、北大门和中小门之间来回摆动，直到清乾隆二十四年（1759年）江流稳定走北大门，盐官的潮景最终胜过杭州。而与涌潮相关的抢潮头鱼、赶庙会、修筑海塘技艺、制盐技艺、相关商贸活动等，也在海宁一带大海塘逐渐展开。

据史料记载，1916年农历八月十八，孙中山偕夫人宋庆龄以及蒋介石一行在海宁观潮，孙中山当场挥笔题写"猛进如潮"四个大字。时隔四十一年，到了1957年农历八月十八，毛泽东也到这里观潮。他选择的观潮地点是海宁七里庙，当场作《七绝·观潮》诗："千里波涛滚滚来，雪花飞向钓鱼台。人山纷赞阵容阔，铁马从容杀敌回。"从此以后，海宁观潮的知名度更高了。

20世纪90年代以来，海宁开始举办观潮节，声势越来越大。2000年观潮节期间，中央电视台、浙江电视台通过九颗卫星，使用三套转播系统三十多台摄像机，水、陆、空全方位地对海宁潮进行近三个小时的现场直播。2001年观潮节，吸引中外游客一百零二万人次。

观潮纪盛图（原载晚清《点石斋画报》）

历史上，这一带还活跃着一批弄潮儿。弄潮，是一种竞技类习俗。较早的记载见于唐代，《元和郡县图志》就已经提到了"弄潮"。到了宋代，则已有多种典籍文字比较详细地记载了这种习俗。弄潮作为一种表演性质的竞技活动，至清代逐渐衰落。而在当地民众中，抢潮头鱼的习俗却长盛不衰。

每到夏秋季节大潮汛来临之际，渔民们不畏潮水凶险，以灵巧的身姿、娴熟的技艺在潮头浪尖捕鱼，令人叹为观止。快要涨潮时，渔民们便在离石塘一二里的地方等待一线潮的到来。为了避免泥沙沉积在衣裤内，减小阻力，抢潮头鱼的渔民往往脱得只剩一块遮着布，腰间绑只网线袋，手拿鱼网兜。等到远处潮水滚滚而来，潮头离他们只有一二米时，渔民们便踩着脚下薄薄一层海水在一线潮头前奔跑。身后的潮水卷起几米高的浪头，这时鱼儿也随着相继跃出潮头。渔民眼疾手快，手中的网兜上下翻腾，早将鱼儿兜入网中。转眼之间，兜中的鱼儿又被甩入腰间的网线袋内，动作十分连贯、准确。

抢潮头鱼的时间不长，一般二十分钟到半个小时，动作熟练的渔民能够抢到不

抢潮头鱼（张庆中2007年4月摄于海宁盐官）

少鱼儿。渔民们一般都瞅准时机在盐官附近的鱼鳞塘上岸。只见他们把鱼网兜往空中一抛，人顺着石级迅速爬上，此时，身后的潮水汹涌而过，场面十分惊险刺激。时至今日，能够抢潮头鱼的人已经越来越少了。

2009年6月，钱江观潮（杭州市、海宁市）被列入第三批浙江省非物质文化遗产名录。

贰

生产商贸习俗

贰

生产商贸习俗
嘉 兴 民 俗

　　物质生产是人类基本的生存保障，人类依赖生产劳动得以生存和发展，又通过商贸活动实现产品的流通和交换。生产商贸民俗是在特定区域和群体内，民众在物质生产与商贸过程中所创造、享用和传承的各种文化事象，包括生产的手工技艺、生产工具、商贸行规以及由此产生的信仰、禁忌等心意民俗事象。生产商贸民俗是民众在生产和贸易实践中，长期观察、思考和总结的结果，相沿成习，世代传承，其中包含了一定的科学认识，至今仍值得我们借鉴。嘉兴素以"鱼米之乡"、"丝绸之府"著称，在稻作生产和蚕桑丝绸生产范畴里所形成的生产商贸民俗尤其引人瞩目，甚至已成为一定的文化符号，渗透到民俗文化的各个方面。

1. 春牛会

　　春牛会，也叫"打春"、"鞭春"、"打春牛"，于立春日举行，象征春耕生产的开始。此俗各地流传已久，嘉兴旧时仪式十分隆重。

　　据清代《古禾杂识》记载，在前一年的冬季，官府就要用桑木扎骨架，塑成泥牛，并按新年的天干地支，在牛身上绘不同颜色。立春前一天，县官率乡绅乘轿，列队，鸣炮奏乐，前往嘉兴东塔寺祭拜芒神。在东塔寺，由乞丐扮成春官，穿袍服跪在道路旁迎接，百姓男男女女带着农具到场，少年儿童表演摇船，模拟采菱动作。返回时，由几个青壮年抬着春牛，百姓跟随其后，列队在街市中巡游一番，返回县署。游行时，沿街居民用果品米豆往牛身上抛，抛中者寓意吉祥，俗称"打春牛"。到了立春日，在县署堂上，官府派人手拿彩杖将牛打碎，俗称"鞭春"。碎落的泥块则被围观的百姓捡回家中，围在桑树根部，俗信以为这样做可以使桑叶茂盛。

　　嘉善的春牛会略有不同。立春当日一早，农家把选出来的健壮耕牛全身洗净，在牛身上披挂彩绸缎带，并在两只牛角上扎大红绸球。到了日出卯时（七点左右），在县衙内的广场上，全副硬牌执事、三班衙役、六科司事以及地方上士农工商代表均聚集等候，城内各支民间文艺杂耍队伍也一一列队守候。待农家牵牛分别从南

春牛图（原载《新春吉祥画：中国木版年画》）

门、西门、北门入城时，总管报告知县。三声炮响后，知县带领队伍出县衙，向东门而去，一路上锣鼓喧天，街道两旁人头攒动。

东城门外原有神农祭祀坛，后改为校场，场上搭有祭台。城楼上有迎春楼，城内官绅眷属都上城楼观看。知县率队伍到达校场时，披红挂彩的耕牛也来到校场。祭祀开始时，祭台上摆好香案、素食供品，牛倌牵着耕牛在香案前依次站好，知县带领士绅、司事行跪拜礼。仪式结束，知县带领下属回县衙，牛倌牵牛回家。

20世纪50年代后，不再举行春牛会，但耕牛评比活动仍在举行。

2. 开秧门与关秧门

嘉兴农村主要种植水稻，迄今已有七千多年历史，由稻作生产形成的生产习俗尤其引人瞩目。插秧的第一天，俗称"开秧门"，在平湖、嘉善等地方也有叫作"开秧把"的。开秧门是水稻大田生产中的第一个环节，一般是小满开秧门。旧时，无论种田大户还是小户，对开秧门都十分重视。这一天象征着一年农事的开端，主人会像办喜事一样兴奋，总要用丰盛的饭菜来慰劳大家。主人要烧一条黄鱼，讨个兴旺发达的好彩头。早晨，还要吃鲞鱼头，象征种田有想头。鲞鱼放在桌子上，鱼头必须

开秧门（方炳华20世纪70年代摄于海宁石路）

朝南，兆天晴，有好运；忌朝北，以为兆有雨，不吉利。吃饭时，要在座的种田长辈先吃，小伙子忌讳叉第一块肉，舀第一勺蛋。如有小伙子不懂此俗，插秧的技术又不好，在插秧时大伙就会戏弄他，让他"穿长衫"。就是在他四周都有快手把秧插好了让他留在中间，弄得他面红耳赤，不断讨饶为止，此俗也被称为"吊空埭"。

　　上午九点左右，要"打点心"到田头。点心备有白水糯米粽，用白糖拌拌吃，当地有俗语"种田调雄绳，白糖拌粽子"，用来形容插秧快手；还有一句用来讽刺插秧慢手："种田调雌绳，只有吃白水粽。"

插秧是一项劳动强度大、技术性强的工作，男女老少都会参加进来。插秧前，要进行分工，通常会让老人、妇女、孩子去拔秧，强劳力则挑秧、插秧。

拔秧的人要带拔秧凳、秧伞、束秧草等下田。拔秧凳是上下都有凳面的小凳子，人坐上去才不会陷到泥水里去。秧伞是在普通伞柄上再绑一根竹竿，插在秧田里，为拔秧人遮风挡雨。拔秧也是一项技术活，既要及时剔掉稗草、杂草，还不可将秧苗拔断。通常都是左右两手同时进行，各拔半把，随手在水田里将泥巴甩去，两手合拢成一把时，要留个缺口，俗称"秧门"。如果碰上新手，没有留出秧门，不仅会耽误下一步的分秧工作，而且还被认为是不吉利的征兆。最后用束秧草把秧扎紧，算是拔好了一把秧。

开秧门有诸多禁忌，比如拔第一株秧和插第一株秧时，不能开口，俗信认为一旦开了口手要抽筋，称"发秧疯"，手指会出现小洞洞，称"土吃"。插秧人之间也不可以传递秧把，俗信认为这样会使两个人成为冤家。甩秧把时，忌讳甩到别人身上，否则被甩中的人要当面说一句"驱邪"。插秧人也不能用手直接去接抛过来的秧把，而宁可被泥水溅一身。当天拔的秧都要当天插完，俗信认为隔夜秧会发黄，不利于成活。插完秧以后，如果还多一些秧，不能随意丢掉，当地俗信以为丢掉余秧就是丢掉余粮，不吉利。多余的秧要栽在岸边的田里，以后耘田的时候倘若发现缺株，正好可以用来移株。

新媳妇第一次插秧，旁人都喜欢和她比一比。第一垄秧插完后，新媳妇手脚快会受到大伙的称赞。若是第一垄落后了，插第二垄时，新媳妇就会自觉地跟在别人后边。若是有人客气地让她先走，她须说："不会做人看大妈，不会种田看上垄。"表示谦虚。

插秧的最后一天称为"关秧门"，一般农户都会在当天下午三四点完工，不会拖到天黑，俗信认为拖到天黑是不吉利的。关秧门这一天也要一切顺利，若是发生什么意外或者到天黑还有一小块田、几垄田来不及插秧，俗称"开天窗"，不吉利，会一年不如意的。有的地方关秧门以后有在秧田里嬉闹的习俗，青年人相互糊泥浆取乐，宣泄心情，也别有风情。

关秧门的第二天，男主人会上茶馆轻松一下，俗称"吃汏脚茶"。媳妇则可以回娘家探望父母，俗谚云："插落黄秧，望望爹娘。"

3. 落盘种田

落盘种田是海宁、桐乡一带农户互助种田的一种风俗。农民种地，大多单门独户，但是碰上插秧等耗时耗力的重头田间活，就得互相帮助，集中劳动力完成。

种田前，村上的人就按老规矩成立青苗会，参加青苗会称为"落盘"，落盘的人集中在一起种田。落盘后，要选出会头师傅，再由会头指派人员记账、记工。第一年落盘的年轻人，会头还要给他们指派种田师傅。种田师傅很有威望，一"盘"之中，听他统一安排，旁人不得过问。是日，会头还要领着大家祭拜田公、地母。传说田公、地母是一对老夫妻，勤劳肯做，双双累死在田里，受到人们的敬仰，被奉为神灵。

种田开始时，由会头师傅先下田，插第一株秧，称为"开秧门"，也叫"开黄梅"。随后，"盘"中人家的水田就挨着次序种过去。

插秧时有不少规矩和忌讳。插秧前要先拉田绳，用细绳子把田块分成一条一条的，这样插出来的秧又整齐又均匀。倘若两头拉绳时，搞错了行垄，形成一头大、一头小的"丝车榫"，种出来的田就不成样子了。遇到这样的情况，当家可以不付工钱，甚至不给饭吃。

插秧时，个人技术有高有低，手脚有快有慢。有时，整块田都插完了，只留下手脚慢的人在中间还没插完，活像被套上了一大块木枷。木枷是旧时套犯人用的刑具。如果哪个人被套住了，俗信以为就会带来晦气，就得求神拜佛，免祸消灾。为了避免这种情况，插秧慢的人身后总会有别人帮着插种。

若是有秧苗没有插牢，浮在水面上，被称为"鲞鲦鱼"；若是有插了下去就成弯头菩头秧的，被称为"潮烟管"。这两样都是不能出现的，俗信以为不吉利。

轮到种田的人家都要准备饭菜。饭桌上丰俭随意，但一道白焐肉是不能少的，称为"种田肉"，俗称"铁耙榫"。吃这块肉时，师傅没动筷，谁也不能先吃。

最后一块田种好，俗称"关秧门"，又叫"了黄梅"。结束后，挑选日子做青苗会，祭拜土地和田公、地母，届时还须评工、算账。评工就是根据个人技术高低，劳动强弱，评出工成，全劳动评十成，其余九成、八成不等。工成评出后，根据各家出成多少，用工多少，算出余缺。如有缺的，用钱补足，也可暂时欠账，今后代工补足。全"盘"的费用，也按田亩分摊，以此算清。随后大家吃一顿饭，散"盘"回家。

落盘种田一般女人不能参加，只管做饭送茶。若是家中没有男人，经本人要求、会头同意，也会安排日子帮助种田，到时一并结账。

此俗一直延续到20世纪50年代，以后，由于搞互助合作运动，此俗逐渐消失。

4. 车水哈头

旧时，海宁的农田灌溉主要靠人力踏车取水。人力水车可分单人手摇车，双人、四人、六人脚踏水车多种。车身长短不一，根据水面离地面的高低，可分成丈二车、丈八车、二丈车和二丈四车等。如果遇到水源距离远的情况，还需要采用双车窝潭、三车窝潭等方式分层级汲水，俗称"翻水"。

车水灌溉往往是一项有组织的生产活动，一般采取四到八人为一班，各班换工互补的劳动方式。换工车水，需要有一种计算劳动量的方法，才能让参与车水的人都满意。一般有念佛记数与哈头记数两种。

念佛记数，就是把长三四寸的十根稻草芯或十根去叶黄豆梗拦腰扎住，分成上下两端，做成计数器来记数。上端作个位数，下端作十位数。车水时，有一人掌握计数器。他靠在扶横上，边踏边念边记，犹如念佛。车链上做记号，以此确定一转，一转完，就在上端拔下一根，拔完上端十根，进位下端一根，以此类推。拔完下端十根，就是一百转了，大家可以交班休息。由于这种自制计数器好像一把佛柴，记数又宛如念佛，因此被称为"念佛记数"。

哈头记数就是以呼唱的方式来计算水车运转的次数，从而确定劳动数额。记数以"转—哈—起"为记数单位。车水时，车水工双脚踩踏于轮轴上的步柱，随后轴齿轮带动车链运转起来，挡水板也随之运转。一般来说，轴由十二个齿轮组成，挡水板有一百二十块，这些挡水板运转一次即为一转。为了计数方便，就在轴的某个齿轮板和某块挡水板上各做一个记号，当水车运转到两个记号相逢时，就叫"一个哈"，俗称"哈头"。水车一车链需转十二次，哈头逢哈便唱。再以十七哈为"一起"，换班休息。唱哈头时，由靠近记号的车水工担任领唱，众人按计数齐声唱和，

一唱众和或者一唱一答,计数需在众目睽睽之下演唱正确,得到大家的认可才行。

　　哈头的歌词在车水记数的实践中逐渐丰富起来。起初,唱词只是一种呼喊性的拖腔,后来逐渐形成了一种比较固定的旋律。到了20世纪40年代初,海宁湖塘乡一带的车水工在此基础上发展出了一种三段体格式,十七哈各段唱词也形成了固定程式。《哈头歌》全曲有一百五十二句唱词,四百五十多个小节的旋律。海宁一带,无论男女,只要是车水工都能吟唱。《哈头歌》曲调高亢明亮,演唱时常采用头咬尾巴的唱法,即领唱者从高音区延宕下来,众人接唱前句,首尾相连,造成连绵不断的效果。

踩龙骨水车抗旱（杜镜宣1959年摄于海宁长安）

《哈头歌》的记数并不直接用数字,而是以十二个月开放的花名来代替。比如,一哈,称为"正月梅花";二哈,是"二月杏花";三哈,唱成"三月桃花"……以此类推,十分有趣。但是哈头要唱十七哈,花名仅有十二个月,为了解决这个矛盾,车水者只唱到十哈,接下去的十一哈巧妙地用一加一的方法,即唱成"芙蓉梅花开"就是十一哈,"芙蓉杏花开"就是十二哈,等唱到"芙蓉鸡冠花开"就是十七哈了。

20世纪50年代以来,《哈头歌》得到文化部门的保护,并搬上了艺术舞台。1955年,海宁青年农民谢金田、周喜康二人还因此而进入浙江民间歌舞团,专唱此歌,影响颇大。

5. 关蚕门

嘉兴历来有"丝绸之府"的美誉,这一带农村普遍种桑养蚕,因而在历史上形成了一系列蚕桑生产习俗。2009年6月,云龙蚕桑生产习俗被列入第三批浙江省非物质文化遗产名录。2010年10月,海盐于城蚕桑习俗被列入第二批嘉兴市非物质文化遗产扩展项目名录。

养蚕期间,禁止生人进入蚕室,亲友此时也暂时断绝往来,俗称"关蚕门"。习俗以为,外人进入蚕室会带进去不干净、不吉利的东西,影响蚕的生长。因此,直到采罢茧子,亲友间才恢复往来,俗称"开蚕门"。

在海盐,蚕农们往往会用左手搓草绳,并在门口打上桃树桩,将草绳缚在上面,拉成网状,表示不允许外人来访。当地俗信以为,桃木可以辟邪,左手搓成的草绳也有祛崇驱鬼的功能。有的则在门口贴上一张红纸,上书"蚕月免进"等字样。关蚕门期间,当地人一般都很自觉,不会冒昧地到养蚕人家中拜访,不然这家的主妇会恼怒地端一盆冷水向来人泼去。有的则会端一盆冷饭,上面放一根菜,跟着来人向外走,一边把饭朝外拨。在桐乡,则用一小盅茶和米,在来人的背后向门外泼去。在当地习俗中,这些都是驱鬼的方法。

在海宁,习惯在廊下围上草帘,隔一段就在帘上插一根桃树枝,表示蚕禁。亲朋好友、街坊邻居这期间不相往来,只在河埠头洗东西时互相交谈。若是外人有急事非要造访蚕家不可时,必须手持一把桑叶,嘴里说着"蚕花廿四分",并且只能

在门口低声慢语地说明来由，然后匆匆而别。遇到外人冲犯了这条俗规时，主人会在客人走后"送客人"，即用一只小竹簟，放一副盅筷，少量酒、饭、菜，一个小稻草卷，到此人回去的三岔路口烧掉稻草卷，泼掉酒、饭、菜，以示驱邪。

蚕月亲友之间禁止往来的习俗由来已久。民国时期《海宁州志稿》卷四十云："四月为蚕月，育蚕之家各闭户，亲邻毋得轻入，官府暂为停讼，谓之放蚕忙。"可见蚕丝生产在当地民众的生活中占有极其重要的地位，蚕忙时，不仅蚕农之间禁止往来，连官府的考试、阅兵、办案、征税、抓捕犯人等一类公事也不得不为之让路。茅盾小说《春蚕》中，也以桐乡乌镇风俗为背景，提到了这种养蚕期间禁往来的传统，称之为"一个戒严令也在无形中颁布了"。

蚕时禁往来，有其一定的原因。每年春季，秧苗青黄，又是春蚕大忙的季节，蚕乡人人都投入辛勤的劳作之中，连老人也不例外，吃饭还得轮班，自然没什么心思

养小蚕（戴建一1995年摄于桐乡乌镇）

互相串门了。另一方面，蚕容易得病，为防传染，外人免进，也有一定的道理。

　　在嘉兴蚕乡，传统习俗要求蚕室外人免进，内部要保持绝对安静，不但不能大声喧哗，连小孩在附近割草也不行。蚕室内切桑叶的墩头不用木板，而用稻草制成，也是为了避免发出响声。此外，还禁止捧着饭碗进入蚕室吃饭，据说饭粒不小心掉在地上时，很像僵蚕，为人们所忌讳。不过随着科学技术的普及，这种传统也在变革中，今天的蚕乡主张蚕室卫生，但已经不再拒绝外人进入了。

6. 蚕禁忌

　　禁忌产生之初，是古人对灾祸的消极防范手段。前人在生产实践中认识到蚕室内应该有些规则，不允许做一些事，以此来预防蚕病的发生。但是由于当时人们认知水平的局限，往往知其然而不知其所以然，并不能给出一个科学的解释，于是一概作为禁忌，将其说成是神灵不允许这样做，或者说是有一种蚕煞在冥冥之中作

清代秦敏树《汉塘春桑图》（《南湖八景碑》之一）

祟，危害蚕。为了防止这种凶神恶煞闯入，所以才有了严格的防范。这里有极大的盲目性和局限性，但是在客观上起到了保护蚕丝生产的作用。

在具体的生产过程中，这里的人们总是把自己的生产、生活经验不自觉地补充到禁忌的具体内容中去，比如关蚕门、蚕室内不允许吃饭等都是具体行为上的禁忌。此外，蚕农们若是发现僵蚕，不能声张，习俗以为越说僵蚕会越多。蚕农会悄悄捉起僵蚕塞进自己的嘴里吃掉，俗称"落花眠"，以为这样就可以阻止僵蚕出现。现代科学认为，僵蚕初期还不会传染，及时处理掉，倒也不失为一种控制其蔓延的隔离措施。

再比如蚕经过四眠后开始成熟，此时要上蔟，俗称"上山"，即将熟蚕捉到蚕蔟上去，让它吐丝结茧。当地习俗，一定要见了熟蚕，方可搭山棚。如果蚕未熟就预先搭好山棚等着上山，就会被称为"搭空山头"、"扎空禾帚把"，是不吉利的。传统还要求搭山棚的人决不能赤膊、赤脚。俗信以为赤膊茧是低产的，赤脚就是"无收成"，都不吉利，为蚕农心理上所无法接受。搭山棚、插禾帚把的人是不可轻易下凳休息的，要一口气上好，称为"压山"。

还有一类蚕禁忌表现在语言上。蚕农们在日常生活中常常忌讳说某些字，而改用另外一个字来表达，相沿成习，成为当地人的俗语或习惯用语。如：

忌"亮"。因为亮蚕是蚕病，所以"天亮了"要说成"天开眼了"。

忌"僵"。因僵蚕也是一种蚕病，所以"姜"要说成"辣烘"，"僵蚕"要说成"冷蚕"，"酱油"要说成"颜色"、"罐头"、"鲜猛猛"、"咸酸"等（"僵"、"姜"、"酱"同音）。

忌"伸"。因蚕只有死了才伸直，故"笋"要说成"萝卜"或"钻天"。

忌"虾"。吴语中"虾"与"浮肿"同义，即蚕的白肚病，也属忌讳之列。"虾"要说成"弯转"。

忌"爬"、"逃"、"游"。蚕到处乱爬，不吃食，俗称"游蚕"，说明蚕有病了，因此忌讳"爬"，要说成"行"，"油"要说成"湿漉漉"、"下水过"（"游"、"油"同音），用作辟邪的桃枝要说成"掌头"、"涨头"（"桃"、"逃"同音）。

忌"葱"。"葱"与"冲撞"的"冲"同音，要说成"香头"、"香火"。

忌"四"。"四"与"死"同音，所以蚕的"四眠"要说成"大眠"。

语言的禁忌由来已久。清光绪年间《嘉兴府志》卷三十二"农桑"引洪景皓《蚕诗》云："遮满村儿也解事，暂呼春笋作钻天。"语言的禁忌是原始信仰在后世的残存。原始人相信语言的魔力，所以忌讳着不说出那些对自己不利的语言来。随着时代的发展，蚕乡这些语言禁忌大多已逐渐失去了它的原始意义，当地人只是相沿成习，将其作为一种语言习惯保留至今。

这种语言禁忌还引申到用具上。蚕乡忌用破损了的蚕匾，因为坍匾就是"倒蚕"的意思，人们忌讳倒蚕一类的灾祸的发生。秧凳、秧伞原是这一带蚕乡嫁妆中的必备项目，但习俗不允许在结婚的时候送过去，据说"秧凳"与"秧钝"谐音、"秧伞"与"养散"谐音，都是农家大忌，所以必须推迟到新婚后的第一期养蚕结束，才可由娘家人趁着望蚕讯之际将这两件嫁妆补送到婆家。

时至今日，随着科学知识的普及和时代的进步，蚕禁忌的约束力逐渐减弱。但老年人一般还比较谨慎，蚕忙时不串门；即使串门，说话也很小心，绝不说忌讳的话。对于蚕桑技术人员巡回蚕乡，进蚕室参观检查，大多表示欢迎，不再有反感的情绪和驱赶的行为。

7. 望蚕讯

旧时，桐乡县、嘉兴市秀洲区蚕乡每年春季养蚕，有望蚕讯的习俗。就是在春蚕上山后，新媳妇娘家父母带着鱼肉、软糕、枇杷等礼物到女儿家去看看养蚕的情形，也称为"望山头"。

此俗流传久远，民国时期桐乡《乌青镇志》卷十九记载："至采茧时，亲戚馈遗，谓之望山头。"关于它的来历，当地流传着一个传说：从前有个外乡女子嫁到蚕乡。她不会养蚕，边学边养，终于将小蚕养到大蚕，送蚕上山结茧了。一天，她的父亲带着些礼品到女婿家来探望，从未见过养蚕的老岳父趁人不注意打开了蚕房窗户，看看正在结茧的蚕。女儿回来后发现了，不禁担心这样会影响蚕儿结茧。哪里知道，这一年她家结的茧比谁家的都要好。于是，左邻右舍都认为这是新媳妇的父

亲打开蚕房窗户望过山头的缘故，从此当地就形成了望蚕讯的习俗。

旧时，望蚕讯都在蚕儿上山之后或者采茧以后进行，这时，蚕事已经告一段落，蚕户有闲暇相互串门，接待客人。望蚕讯时常常会携带许多礼品，有慰劳之意。当地歌谣唱道："秧凳、箬帽、拔秧伞，枇杷、梨子、灰鸭蛋；黄鱼、鲜肉、勒鲞篮，软糕、包子挑一担。"唱的就是望蚕讯时所送的礼品。其中秧凳、秧伞本是女儿的陪嫁，因为蚕乡禁忌颇多，"秧凳"与"秧钝"谐音，"秧伞"音似"养散"，不利于养蚕，所以这些物品娘家人只能在望蚕讯时送去，以备女儿家种田之用。

如今，蚕乡仍有此俗，只是馈赠的礼品与时俱进，不再有秧凳、秧伞之类的农具了。

8. 供茧圆

旧时，嘉兴蚕农们将每年农历十二月十二称为"蚕花生日"，也就是蚕花娘娘的生日，许多地方都有为蚕宝宝过生日，请蚕花的习俗。茧圆，就是嘉兴蚕农们用来请神、谢神的食品。

茧圆形似蚕茧，用糯米粉制成，有白色和黄色的。黄色茧圆用南瓜着色，制作时需挑选一只发黄的老南瓜，蒸熟去皮捣碎、搅烂，拌和在糯米粉中。海盐一带也在糯米粉中加入青菜汁，制成青色茧圆。

蚕做生日在灶上举行。人们将这两种茧圆煮熟，放在碗里，配上几盘甘蔗、橘子等水果，放在灶山上，插香燃烛，供奉一番。随后拿出当年收藏于家中的蚕种纸，撒上一些盐，进行腌种，再用布包好，藏起来，为蚕做生日的仪式也就结束了。待到农历十二月廿三送灶时，再取出蚕种纸，抖落盐料，用清水冲洗干净，挂在通风背光的地方晾干。来年清明、谷雨时节，即可加温孵化小蚕了。

这种习俗在桐乡一带尤为盛行。当地俗信认为，用茧圆给蚕宝宝做生日，来年春天孵化出的小蚕不但健壮、少病，而且结出的蚕茧也会像茧圆一样又大又结实。

人们在蚕种上撒盐，有杀菌消毒的作用，只是旧时人们不明就里，将它与蚕神联系在一起。

南宋诗人杨万里《上元夜，里俗粉米为蚕丝，书吉语置其中，以占一岁之祸福，谓之蚕卜，因戏作长句》诗曰："今年上元家里住，村落无灯惟有雨。隔溪丛祠稍箫鼓，不知还有游人否？儿女炊玉作茧丝，中置吉语默有祈。小儿祝身取官早，小女只求蚕事好。"记录了南宋时江南蚕乡的元宵节风俗，十分真切。一般认为，这里所说的"粉米为蚕丝"，就是后世的茧圆。当时的做法，颇有些像北方人过年下水饺，在水饺里放入硬币，谁吃到了就预兆谁在这一年里幸福。清光绪年间《桐乡县志》卷二有相关记载："十二日蚕生日，养蚕家腌蚕种，屑秫为茧圆，以祀灶。"清代海盐黄燮清《长水竹枝词》、桐乡陈梓《茧圆歌》也都记录了茧圆风俗。

如今，随着科学养蚕的推广，腊月十二为蚕宝宝过生日的习俗已经不多见了，但是用糯米粉做茧圆的习俗依然在蚕乡广为流行。

蚕生日做茧圆请蚕神（徐春雷20世纪80年代摄于桐乡濮院）

9. 淡水捕捞习俗

淡水渔民以船为家，靠捕捞为生，久而久之形成了一系列独具特色的捕捞习俗，相沿至今。嘉兴素有"水乡"之誉，各地都有淡水渔民，其中嘉善的淡水捕捞习俗较具代表性。

撒网捕鱼是渔民最常用的捕捞方式，为了能够增加捕捞量，渔民们在网的形制、撒网方式上动了不少脑筋，形成传统，有扳江网、扒网、夹网、趟网等。扳江网，需布满整条河，宽度依河宽而定，四边有竹竿固定，中间再安一个菱形的小网，小网两边用铁丝固定在大网两边。捕鱼时，渔民把大网的四角各固定在一根竹竿上，四根竹竿顶部绑在一起，这样站在船上就可以捕鱼了。扒网，俗称"刮金板"，网的四个角被撑起，中间有一根长竹竿。还有一种夹网，由两张四角撑起的网组合而成，中间有两根竹子，网能够张开或者闭合，可以用来夹鱼。趟网，是用来捞螺蛳的，呈三角形，两边各系一根木条和一根长竹竿，竹竿头部连在木条中间，木条边的对角系在竹上。使用时，拿着竹子，使木条沿河底趟开去，然后收回来，网里就有螺蛳了。还有一种孔非常细小的网，渔民们将它放在船后拖着，用来捞船行过时泛开的水花。

鱼儿在水中十分灵活，渔民们想尽办法引诱鱼儿上钩。有一种做法叫"金钩抓鱼"，就是在一

清代蒚尊作《渔家撒网图》（海宁市博物馆藏）

条不很宽的河两岸各放一根竹子，中间拴一根线，上系二十到三十个不等的鱼钩，再钓上一些诱饵，让这些鱼钩漂在水里，过些时候就会有鱼上钩。有的渔民用细丝结成较长的网，上缘系着浮标，下面装重锤，这样小鱼小虾就会被缠住，不能逃脱，这种方法称为"张丝网"。还有一种方法叫"张簖"，就是用棕绳将筷子粗细的竹条结成竹帘，弯弯曲曲地张在浅荡中，形如迷宫，设四个进口，里边有若干个小门，大鱼小鱼一旦游入很难再游出来。鱼窠捕鱼也是常用的方法之一，渔民在水域较宽阔的地方堆上许多树枝，做成鱼窠，冬天鱼会集中在鱼窠中。到了适当的时候，就用竹帘或者网围住鱼窠四周，然后将树枝取出，堆在网外，待树枝取完后，就用鱼兜捞鱼。为了能捉到新鲜的野鲤鱼，渔民们需要引鲤鱼，就是在河里架网，在网里放上自家的活鲤鱼，过些时候，那些野鲤鱼就会游过来，这时打鱼人就用鱼叉把野鲤鱼叉起来。

鳝、蟹、蚌、虾、甲鱼等常常在河底做窝，不容易捕获，渔民们也有办法引诱它们上钩。捉蟹的时候，就拿一个较大的网袋，网口拴上重锤和牵绳，将网沉于河中。待网里有了蟹，就在岸上牵绳拉网，将蟹捉住。还有一种用烟火索捉蟹的方法，就是把粗绳的一头放入河中，另一头放进岸上的桶内，在岸上点燃野草堆，用绳索等物把烟的味道打到粗绳上，这样河里的螃蟹就会自己沿着粗绳爬入桶内。

设簖捕鱼（李渭钫1999年摄于桐乡永秀）

嘉兴南汇渔场在外塘捕捞（杜镜宣摄于20世纪80年代初）

　　捉鳝的时候要用到鳝笼和鳝钩。鳝笼是一种竹制的弯笼，晚上放在水田边上，里边再放上几条蚯蚓做诱饵，待早晨就会有黄鳝钻进去。鳝钩就是一根竹签上系麻线，线端系上鱼钩，钩上装蚯蚓，晚上扦在水田里，早晨收起来，会有黄鳝上钩。

　　捉甲鱼的方法比较复杂，有用枪打甲鱼和传统的钓甲鱼两种。甲鱼枪以一硬扎的竹片做枪身，枪身的托处装一转轮，用来收放钓线。钓线一头系一钓砣，钓砣从下往上每隔一寸就扣一副钩，一般每杆枪有三到四副钩。打甲鱼的时候，渔民双手持枪，看到甲鱼，就把枪头的钓砣甩过去，待钓砣落入甲鱼附近水面时，稳住转轮猛地一拉，张牙舞爪的甲鱼就上钩了。钓甲鱼则用一竹签，系上一根蜡线，蜡线另一端系一钓钩，装上猪肝做诱饵。在傍晚扦在河的浅滩处，第二天早晨就会有甲鱼上钩。

淡水渔民在长期的生产实践中，积累了大量的捕捞知识和技艺，其中保留了不少前人的生活智慧和独特的地域文化特色。由于现代化养鱼技术的普及，这些传统技艺濒临失传，亟待整理和保护。

2012年6月，嘉善淡水捕捞习俗被列入第四批浙江省非物质文化遗产名录。

10. 渔民船俗

传统社会里，嘉兴一带淡水渔民的船都是小型的木船，许多渔民在岸上没有房屋，就住在小木船上，整条船就是一个家，渔民们捕鱼生产、起居饮食都在其中。

船分船头、船舱和船艄三个部分。船舱上有篷，可以遮风挡雨。船篷板必须由十三块组成。俗信以为乌龟背就是由十三块骨片组成的，非常坚固。为了使船舱牢固，就必须用十三块板。舱门上一般都刻有"玉帝"、"王母"、"如来"、"观音"八个字，以祈求神灵的保佑。旧时，结婚未满月的新媳妇被称为"有喜娘"，是不能上别家的渔船串门的，若是犯了忌讳，长辈们在下逐客令后，还要放鞭炮消灾。

每条船的船头都挂有两条绣着龙凤图案的红色旗幡，旧时这不仅是图吉利，据说也是乾隆皇帝御赐的河上通行证，可以保证船家畅行无阻。这里还有一个传说：有一年乾隆皇帝得了一种怪病，越吃越瘦，皇宫里的御医束手无策。大臣们想出一个恶毒的办法，从工、农、渔中，每天挑选一个人来为皇帝治病，治不好就杀头。有一天，轮到渔民去了。这时一位老道士挺身而出，假扮渔民去了皇宫。老道士妙手回春，治好了乾隆的怪病，末了替渔民们讨来了两面龙凤旗，可以免交买路钱。传说那个老道士就是渔民们供奉的船头菩萨。

传统的渔船不能用铁链而要用绳索。传说铁链是阴间小鬼用来勾魂的，渔民们十分忌讳。平湖一带的渔民常在船头、船尾放些瓦盆，种上葱和万年青，寓意万年常青，渔业兴旺。逢年过节，小盆里还要插些红色的小旗，船舱门上贴着大红纸。贴时，方形红纸要对角贴，意味着船尖乘风破浪。

每年五月，是渔民修建渔船的季节，也是鱼群产卵的季节。修船、造船时，忌讳往船头中心敲钉子。若是敲了，就意味着在敲船头菩萨的脑袋，祖祖辈辈都要遭殃的。

新船下水、船修理后新下水，或者行船连续不利时，都要请路头。就是用猪

生产商贸习俗
嘉 兴 民 俗

船民祭祀（张觉民2008年9月摄于秀洲莲泗荡）

头、鱼、鸡放在船头，点燃香烛，烧锡箔纸钱，祭拜路头神。平湖一带，新船下水时还要有几个年轻人戏船，嬉闹得船舱内外都湿漉漉的，个个全身衣衫湿透，俗称"吵船"。然后，船头钉四条红绿绸布，俗称"如意喜钉"。东家这时还要送喜钿。当地俗信以为喜钉是新船的象征，东家送喜钿，则有能发财再添新船的意思。前来贺喜的亲朋好友都聚集在后舱吃饭，舱里还要摆个聚宝盆，盆里有鲤鱼、葱、万年青、竹笋、秤，这些东西也可以是糯米粉捏成的。秤寓意称心如意，竹笋象征着生活如雨后春笋节节高，万年青则有万事兴旺之意，总之，聚宝盆就是讨个彩头，寄托着渔家对生活的美好愿望。

旧时，渔民们常常边唱渔歌边摇船，自娱自乐。1955年秋，嘉善县文化馆发掘整理了下甸庙一带的民间渔歌，名为《船夫号子》。全歌分为起锚、支篷、开船、停船、抛锚等章节，其中第二节唱道："支起篷来呀，咳呀来呀！喊声老大你是听呢，咳呀来呀！两眼朝前你不要转神呢，咳呀来呀！同道四阿哥开到一江山要消灭和尚头呢，咳呀来呀！不怕那高鼻头来撑腰哎，咳呀来呀！牵牢伊个鼻头来投降呢，咳呀来呀！"

1956年2月，这首《船夫号子》参加浙江省第一届民间民族歌舞会演，获优秀奖。

II. 渔民的兆与忌

旧时，嘉兴一带淡水渔民中还盛行着各种兆和忌。

渔民捕鱼颇有讲究，他们相信第一网捕上什么鱼，对一天的收获有极大的影响。如果第一网捕上来的是白鲦鱼，那么这一天都要白辛苦了；如果捕到了鲤鱼，则预兆这一天要利市；若是捕到了黑鱼，则是特大吉兆，黑鱼预兆黑心，这一天一定会捕到大批的鱼儿。而鱼身上斑点的位置则预示着生意的好坏。若是斑点在鱼头，则预示生意就在这几天；若是斑点在鱼身，则说明丰收在这月中旬；要是斑点在鱼尾，则表示生意在后头。要是在正月里捕到了身上有斑点的鱼，则预兆六月份捕鱼会大丰收。平湖一带的渔民在撒第一网时，还要在网里撒一把蚕豆，据说这是为了讨个满网鱼虾的彩头。

捕到的鱼需要及时卖出去，渔民卖鱼讲究一个"快"字。当地流传着俗语说："卖得快，捉得多；卖得慢，捉不到。"有时渔民为了把鱼卖出去，即便在价钱上吃点亏也不计较。

此外，一些常见的动物也被渔民们视作吉凶祸福的预言者。比如渔民早上开船，若是看到河里有一条狗在游，就认为今天会交好运；若是发现一只老鼠游过而又捕不到，则认为犯了忌讳，立即收网回去，不再捕鱼了。渔民们都习惯在船上养鸭。将绳子一头系住鸭脚，另一头拴在船艄上，任鸭子在水里游。渔民们认为，鸭在船尾游，就是有尾，寓意能够生儿子，传宗接代。又有一种说法认为，鸭养在船艄可以压后艄，渔民就能放心地在船头撒网打鱼了。

求吉避祸的心理还影响着渔民们的生活习惯。比如吃饭时碗扑翻了，就意味

渔民捕鱼（姚文杰2007年12月摄于海宁斜桥路仲古镇）

撒网捕鱼（杜镜宣1959年摄于嘉兴郊区）

着不是翻船就是空手而归。匙子也不能扑翻，因为匙子形如船，扑翻预示翻船。筷子不能搁在碗上，俗信以为这样会使船搁浅。筷子必须头朝前尾在后，如果掉个头意味着船家要倒霉。吃鱼时，切忌把鱼翻过来，翻过来意味着翻船。应先吃上半片，吃完后，把鱼的骨架子整个取出来，再吃下半片。吃鱼要留下鱼尾巴，兆示年年有余。

到了农历十二月廿四，渔民要在锅灶前祭祀灶王爷。供品有鱼肉、豆制品，点香叩拜。同时，一定要把一条鲜活的黑鱼在灶王爷前供一供，供毕放生，看黑鱼往哪里游，预示着明年哪个方向的鱼多。但不论黑鱼往哪里游，过完年后第一次开船一定要先往东开，俗信以为东方迎着太阳，十分吉利，开过一程后再按照黑鱼指示的方向前进。海盐一带渔民习惯在农历十二月廿五送灶。

渔民们还在船尾供七孔菩萨。民间传说七孔菩萨本来也是个捕鱼人，他捕鱼从来不用工具，只用手摸。后来他摸鱼时被毒蛇咬死，龙王封他为掌管水族的官。从此，七孔菩萨就禁止毒蛇在水中筑洞，保佑渔民安全。因为甲鱼、乌龟、螃蟹、花鱼、黑鱼、鳗鱼、黄鳝常在水中筑洞为窝，所以渔民们就称其为"七孔菩萨"，也叫"七孔将军"。

旧时渔民们上无寸瓦，下无寸土，面对自身无法控制的一些灾祸，将希望寄托在神灵以及一些日常现象上，祈求能够预测吉凶，保障生活，也在情理之中。渔民的兆与忌由来已久，是他们旧时生活的真实写照。

12. 请顺风

　　海盐地处杭州湾北部，沿海一带海鱼、海虾、海蜇、贝类等海产丰富。旧时澉浦、长川坝一带的渔民出海捕捞海蜇之前，都要举行祭祀活动，祈求一帆风顺，平安归来，俗称"请顺风"。

　　请顺风一般在出海前一两天举行。是日，渔民在家中摆上一张八仙桌，供上祭品。祭品中有四样菜不能缺少，一个整猪头、一只全鸡、一只全鸭和一条全鱼，另加五盅黄酒。若是没有猪头，也可以用肋条肉来代替，但肉必须在三斤以上，否则就会被视为对神灵不敬。猪头、鸡、鸭必须蒸熟，而鱼则要生的。一般用鲢鱼、鲥鱼，鲤鱼用得比较少，黑鱼则是下等鱼，绝不能上桌祭祀。鱼与肉之间，要摆上两把菜刀，同时，点燃一对半斤到一斤重的蜡烛，蜡烛之间要点香。

　　八仙桌一端中央有顺风马幛，高约四十厘米，宽二十五厘米，外裹龙心纸，坐南朝北。马幛以红色为主，顺风菩萨形象类似于财神。这些马幛过去在南北杂货店都可以买到。

　　祭祀时，男主人敬酒后，全家不分男女依次跪拜。其间主人要再向菩萨敬一次酒，等到香烛快烧完时，全家人再次跪拜。接着，男主人就将马幛请到自家天井或者空地上，与锡箔、山凿纸等一并焚烧，请顺风仪式才告结束。渔民下海时，还要放上两支炮仗，以示大吉大利。

　　请顺风的仪式一直到1978年成立渔业队才停止，近年来又逐渐恢复。如今，渔民们在出海捞鳗鱼苗时，也像过去一样举行这种祭祀仪式，以求吉利。

13. 海塘修筑习俗

　　海宁潮非常壮观，但它也有狰狞的一面，会冲毁堤岸，淹没大片田地和房屋，给这一带的百姓带来极大的灾难。五代时期诗人罗隐有诗云："怒潮汹汹势悠悠，罗刹江边地欲浮。"把钱塘江比作恶魔罗刹,正揭露了它凶狠的一面。因此,除了观潮、弄潮,还必须时刻注意捍潮、镇潮。

怎样才能避免涌潮所造成的灾难呢?我们的祖先采用了两种手段:一种是科学的手段,就是修筑海塘;另一种是巫术、宗教的手段,这就是历史上常见的镇潮、祭潮一类信仰民俗。

先说修筑海塘。在钱塘江出海口修筑堤岸的历史一般认为可以追溯到汉代,历朝历代对此都颇为重视。元泰定四年(1327年),海宁发生过一次惨重的海难,沿海一带陆地沉沦十九里,县城危在旦夕。当时在三十多里海岸线上,用了四十三万三千三百个装满块石的竹笼、四百七十多个装满块石的木柜来加固塘体,筑起了一道石囤木柜塘。

明初,又有几次海潮冲塌堤岸的重大灾难,永乐十一年(1413年)的那次最为惨烈。当时曾调集杭、嘉、湖、严、衢诸府十万军民,用了三年的时间筑成一条竹笼石塘,声势之大,可以想见。

清代,钱塘江出海口北岸的潮患加重,修筑海塘工程的规模也随之不断升级,次数愈趋频繁。历史上,海塘的修建一般由县令负责,而一些规模较大的工程,往往要由巡抚或相当一级的官员出面主持,相关的史料甚多。康乾年间,从杭

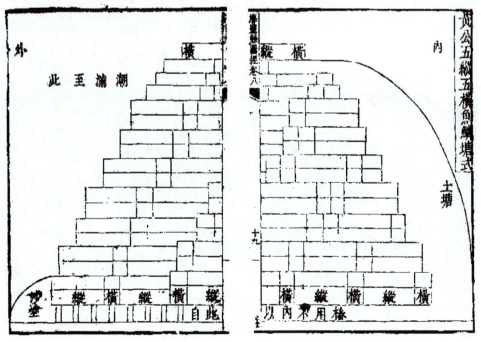

黄公五纵五横鱼鳞塘式(原载明天启年间《海盐县图经》)

钱塘江两岸数百公里旧海塘，均由一根根木桩、一块块条石筑就（黄才祥/摄影）

州到海宁共修筑鱼鳞石塘一万三千三百多丈，至今仍屹立在那里，担当着抗御怒潮的重任。

新中国成立以后，国家设立了专门机构主持修筑海塘以及日常维护的工作，

生产商贸习俗
嘉 兴 民 俗

虽机构名称屡有变动，机构却沿袭至今，也就是今天的浙江省钱塘江工程管理局。钱塘江出海口现存明清以来修筑的老海塘线总长三百十七公里，除去山体，实长二百八十公里。尤其是其中的鱼鳞石塘，气势雄伟，人称"海上长城"，是我们的祖先留下的一笔弥足珍贵的历史文化遗产。

历代修筑海塘的过程中，不断有能工巧匠运用他们的聪明才智，改进着修筑工程的技艺，从塘体设计、护塘设施、纵深防御体系，一直到具体施工过程中的技艺手段，这里融汇着历史上许许多多无名土匠的智慧和经验，构成了一个庞大的民间知识体系。

近代海宁一带修筑海塘，首先要打桩，用四根一米七左右的长木搭成打桩架子，安上横排档。十个人站在架子上，共同抬起石头做的夯柱。下面一般是三个人，一个人负责领唱打桩号子以指挥行动，另外两个人则扶着夯柱。在人员稀缺时，也有下面只站一个人的。一个架子一般能打十至二十个桩，打完再移动。桩内是柴塘，桩外是石塘。柴塘一般是用千岛湖一带的山柴，四批柴、一批泥。桩外则一般使用由六至八人抬的条石。桩的高度，一般是柴塘上七米五，外面的坦势上四米五，都要打到只剩下二三厘米可见，再用泥盖住。清光绪三十四年（1908年）塘制改革，成立海塘工程总局，负责海塘施工和日常维修。后来塘工局在沿海塘一带设立仓库和机构，一旦发现海塘被冲垮，就鸣锣为号，附近村民都会自觉地前去挑泥。

上述民间知识与技艺的传承，除了一部分被当时的文人记载下来成为史料之外，大量的是民众间的口传心授。由于年代久远等原因，早期的民间知识与技艺如今已变得模糊不清，即使是近现代曾经十分活跃的一些知识与技艺，其传承人也大多年事已高。一般来说，20世纪20年代以来，修筑海塘时已采用混凝土浇灌。70年代以来，各种机械化设施陆续进入工地，传统的体力劳动逐渐被摆脱；与此同时，许多传统手工技艺也随之被冷落，自然也就不可能继续传承。

比如，至迟到20世纪50年代，在修筑海塘的工地上还随处可以听到雄壮的号子声，这是一种伴随着体力劳动的民间音乐。当时的塘工，人人都会唱塘工号子，又称"海塘号子"。《中国民间歌曲集成·浙江卷》曾收入20世纪70年代在海盐采集到的八种海塘号子，分别是撬石、翻石、打夯、龙门桩、飞碖、长杠、短杠、串步。这些号子用来配合不同形式的劳动，届时一唱众和，气势豪迈，振奋人心，给人留下极深的印象。然而，随着这种体力劳动形式的消失，传统的号子声也消失了，这一带会唱这种号子的人已经越来越少。与此同时，修筑海塘的一系列传统知识与技艺，也随着现代化的进程而逐渐被人们遗忘。怎样保护这样一宗非物质文化遗产，已经刻不容缓地提到了政府以及文化部门的议事日程上。

长期以来，沿海塘居住的农民，尤其是担任修建海塘的工人，他们中间的一部分人还掌握着一系列预测潮汐的民间知识，世代口耳相传，亟须保护。沿海塘一带，还有人长期义务喊潮，在凶恶的潮水即将到来之前，劝说人们尽早离开，从而避免了不少灾祸，这样一种文化传统也是弥足珍贵的。

14. 过塘行与脚班

海宁盐官镇地处钱塘江北岸的中间，海运业十分发达。钱塘江上游，直至江西、安徽，凡属杭、嘉、湖、苏、松、太、常等地的一切土特产贸易均须在盐官过塘，由外海转到内河，或者由内河转到外海，于是就出现了过塘行。

过塘行负责办理托运手续、货物仓储、客户膳宿，相当于现在的物流公司。根据转运货物的不同，有百货过塘行和柴炭过塘行之分。

盐官向来有"五城七埠"之说，即五座城门五个埠头，再加脚航埠头、堰瓦坝二埠，其中大东门下河葫芦潭规模最大。清钱泰吉《海昌备志》云："二十五日，晴，脚夫自海船肩柴炭至葫芦潭络绎不绝。"旧时，城东下河尽端到占鳌塔旁海塘一段，是外海和内河运输的中转枢纽，过塘行特别多。自清乾隆年间开始，海宁的过塘行有新仓掇转庙的"陆乾大"、盐官的"乾大"、"源隆"等六家。上述行名均带"乾"、"隆"二字，当地传说从事果糖行劳作的埠伕是乾隆皇帝亲封的。干这行的，家里堂前均挂有乾隆帝所赐行牌。其中"乾大"、"源隆"两行规模最大，拥有货栈五百余间，上百张床位，年营业额在二百万元以上。

每家过塘行都有固定的搬运工，称为"脚班"。抗日战争以前，仅大东门一带的脚班就有一千多人，他们分本地帮和外地帮。本地帮专做上岸、下岸搬运工作，收

入较高；外地帮一搬是上八府诸暨、象山、浦江来的居多，有六七百人，专做从栈房里搬进搬出的事，收入较低。

钱塘江边一日两潮，涨潮时外海船只才能靠岸，从涨潮到退潮约两小时，而留给船卸货的时间只有一小时，如果不能在一小时内卸完，船就得等十二小时，下次涨潮时才能起航。脚班们日日与潮水争分夺秒，把船里的货物扛上岸，送进仓，把仓里的货物扛下海，装上船，保证退潮前起航，个个练就了一身过硬的本领。

船靠岸后，要在船与海塘之间搭跳板，好比桥梁，便于脚班把货物从船上搬到岸上。传统的跳板有马跳和叶子跳两种，叶子跳由三根杉木合拢而成，宽约三十六厘米，直接从船上架到塘上，塘身高度约六米，走在上面会有上下小幅度的颤动。马跳也由三根杉木合并，宽约三十六厘米，上面又用三角形的木头制成踏步，共四十八级。架设时直接贴着鱼鳞塘架置，坡比约为1∶1.5，坡角约为三十三度，极为陡峭。脚班大都采用肩挑、背驮的方法搬运货物，脚班中本事大的，一人能承受五六百斤的货物，最厉害的脚班一人能背八百斤，比如楠木棺材、七石缸[1]。

在高强度的劳动中，为了统一步伐，调节呼吸，释放身体负重的压力，脚班们常常会发出吆喝或呼号，从最初简单的、有节奏的呼号，发展为有丰富内容的歌词、有完整曲调的歌曲形式，形成了独特的"杭育"之声的搬运号子。

15. 槜李生产习俗

槜李又名"醉李"。"槜李"一词，始见于《春秋》，鲁定公十四年（前496年）"五月，於越败吴于槜李"。《春秋》杜预注曰："吴郡嘉兴县西南有槜李城，其地产佳李，故名。"嘉兴李子品种众多，常见的有潘园李、夫人李、美人李、黄姑李、槜李等，其中槜李最佳。嘉兴所产之槜李，以原嘉兴县新篁镇净相寺、桐乡县百桃

---

[1]七石缸：大水缸，可放进七担水，故名。在造房时已搬进院内，放在天井内或院子里贮水，为旧时高墙大院内的防火设施。

乡桃园村为最上乘，所产果实，硕大甘美，芬芳如醴，名列诸李之冠。南宋嘉兴人张尧同在《净相佳李》诗中写道："地重因果名，如分沉瀣浆。伤心吴越战，未敢尽情尝。"诗中的"果"指的就是槜李。

清代画家钱聚朝为王艺亭《槜李谱》所作插图

槜李的特别之处是，它的果顶微凹之处，有一形似指甲掐过的痕迹。据传这是美女西施在去吴国途中路过这里，采食槜李时留下的指甲印，人称"西施爪痕"，犹如牡丹有贵妃指痕一样，流传千古，引为美谈。清代嘉兴诗人朱彝尊曾在《鸳湖棹歌》中写道："徐园青李核何纤，未比僧庐味更甜。听说西施曾一掐，至今颗颗爪痕添。"

一般桃子、橘子、枇杷等均可用核进行播种，使其再生。但槜李却不同，它不依果核繁殖（相传若以核繁殖则所生李子果小味差），而是靠嫁接繁殖。槜李嫁接时，一定要选择野桃或野李的枝条刈接。槜李嫁接成活率较低，故李农往往在嫁接之前有请树神的习俗。他们于李园中燃香点烛，备以果品、菜肴祭请树神，求神灵保佑。请过神灵之后，还要用木棍在李子树枝上轻轻地敲击一下。据传，这样做了之后嫁接成活率就高。

槜李的长成时间也比较长。桃树、李树种活之后三四年即结果，而槜李嫁接成活之后则需七八年才生果，故民间有"桃三李四梨五年，槜李结果七八年"之说。为

槜李上的西施爪痕（陆其华2005年7月摄于嘉兴市园艺科学研究所槜李资源圃）

了让槜李早点结果,旧时民间流传着一种催果的习俗。就是在立春这一天早晨天未亮时,手持点燃的红蜡烛,到李园里去走一走,普照一遍,以催醒李树早结果实。其实,烛火遍照李园的习俗是不能使李树结果的,但春季槜李开花期间,最忌晨雾弥漫,有"花期遭雾,不利结果"之说,且霜也伤花,而用烛火遍照李园,可以起到驱除雾、霜的作用。

农历二月十二是传统的百花生日。这一天,果农照例要给槜李树过生日。他们把事先准备好的数张巴掌大红纸,粘贴或用红线捆扎在树干上,然后拱手向其拜一拜。也有人家在树枝上系一块红布条,以表示对其生日的祝福。

槜李树的培育除整枝施肥之外,主要是防治虫害。过去,果农尚不知道以科学方法防病治虫,只会用一些土办法对付,因而形成了一些风俗习惯。桃园村的果农

槜李园一角(陆其华2014年3月摄于秀洲区王店镇建林村嘉兴槜李园)

有缚草防虫的习俗。他们在清明节的前一天准备不少稻草，然后在每一棵檇李树的主干上捆绑一根稻草。草绕三圈，越紧越好。据说绑上了这根稻草之后，树干就不会被害虫伤蛀。天牛是檇李树最大的虫敌，李树主干若被天牛蛀害，就会严重影响其开花结果。俗话说："牛吃稻草马食谷。"天牛也是牛，果农用稻草捆绑李树主干，可能想以稻草引开天牛，不让其伤害果树，其用心可以理解，但用此法防治虫害缺乏科学依据。

16. 西瓜生产习俗

　　平湖是著名的瓜乡，已有一千多年西瓜栽培史。明嘉靖年间，平湖西瓜因汁多味甜，爽口无渣而被列为皇室贡品的，号称"江南第一瓜"，饮誉江、浙、沪，蜚声我国港、澳地区。

西瓜丰收（郁中奇20世纪80年代摄于平湖曹桥）

生产商贸习俗
嘉 兴 民 俗

当地有俗谚："看好元宵灯，回去削瓜墩。"过了正月十五元宵节，西瓜的播种就要开始了，家家户户都要准备西瓜籽的催芽。首先把西瓜籽用温开水泡上一至两小时，再用一块湿布包好，放入草囤里保暖。旧时也有人用牛皮纸包瓜籽，放在贴身的衣袋里，俗称"贴身"。

西瓜出藤后，瓜农们要在瓜田四周撒上菜花，俗信以为此举可辟邪，防止雷击。瓜田要搭瓜棚，晚上留人值夜看瓜。旧时种瓜不用化肥，要用有机肥，一般猪、羊粪比较好，鸡粪最好，因此又有撮鸡粪的习俗。新年一过，这一带的妇女、孩子就会走村串巷收集鸡粪，以供瓜田使用。

旧时种瓜有许多禁忌。比如催芽期间忌吃霉菜之类的东西。当地俗信以为，吃了霉菜，瓜籽就会发霉，长不出芽。看瓜忌女人，以为瓜棚里住了女人不吉利，俗称"雌赶哨"。黄梅天下瓜田，不可赤脚，赤脚的话容易烂脚，俗称"鸡疙瘩"。

平湖瓜农积累了不少生产经验，直到今天还有借鉴意义。比如瓜农们一般凭经验来判断西瓜成熟与否，主要看西瓜瓜柄的颜色深浅，条纹的形状、疏密度，听手指弹瓜皮发出的声音清脆与否。摘瓜又称"剪瓜"，习俗以为最佳时间是早晨九点以前。剪瓜要用剪刀，瓜柄保持长度一致，不能用手掰。剪瓜时，瓜农抛瓜、接瓜都要掌握一定的技术。抛瓜时用力适中，接瓜时要眼法准确。

西瓜出售，按平均重量定价计算，因此瓜长得大小均匀就比较容易

雕刻西瓜灯（钱家瑞2004年9月摄于平湖当湖）

卖出好价钱。西瓜成熟时，一些瓜商就会到田头选瓜、订瓜。凡选中的瓜，就盖上一个长方印章，说明这个瓜已经订下了。

近年来，随着平湖西瓜种植业越来越兴旺，刻瓜灯、赛瓜灯活动在平湖常盛不衰。从1985年起，平湖市每年举办瓜灯赛、瓜灯会。自1991年首次设立平湖市西瓜灯节，至今已举办二十三届。西瓜灯，是平湖民间流行的一种民俗文化，已有二百多年的历史，是一种独创的艺术，在全国独一无二。所谓西瓜灯，就是将西瓜瓜瓤挖去，在瓜皮上雕出各种精美图案，内点蜡烛（或灯泡）而成的一种特殊的季节性观赏灯。瓜灯装载着平湖古邑数百年的文化积淀，在瓜乡的院落、农舍闪亮，树丛、廊下辉映；在文人墨客的笔下、在瓜农的嘴上代代相传。

17. 生姜生产习俗

姜，原产于东印度和我国热带多雨的森林沿边地带。春秋时期我国就有种植，《论语》记载孔子的餐桌上每天放有姜，此所谓孔子"不撤姜食"。新丰生姜与平湖生姜是嘉兴两大著名特产。

嘉兴市南湖区新丰镇生姜是在明代开始引进的，至今已有三百多年的栽培历史。在长期的生产实践中，经过多次系统选育提纯、选留，培育出高产优质品种——新丰生姜，具有辣度高、纤维多、耐储藏的特点，姜农概括为"姜丝嵌牙缝，隔夜仍清香"。

新丰生姜，以新丰为中心逐步向净相、竹林、步云以及平湖市的曹桥、钟埭、白马等十多个乡镇扩散。据民国时期《新丰镇志略初稿》云："靠近新丰镇五十里以内之农民大半种植，作为每年之主要收入。遇丰收而姜价昂贵时，则较种植任何农产品为有利，故多乐种之。"正常年份，种一亩姜收入相当于十五亩水稻。一担姜可收入五斗米，一千勏姜，好的可收入二十石米。全镇种植面积最多时达三万亩，抗战后约一万二千亩，近年约五千亩。新丰生姜销往江、浙、沪地区，历史上曾远销日本、俄罗斯等国。民国时期《竹林八圩志》载："姜之产于浙西者，新丰最著闻，由其肥硕而耐久也。"

生姜栽培，种姜选择十分考究，这是使生姜生长好、产量高的前提。应在上一

年寒露前垄种姜,垄出后进行挑选,剔除瘟姜、黄爪、瘦爪,留用好姜、红爪、壮爪。特别要注意的是,在弯姜秆时必须对弯几下,俗称"弯两头",不使姜皮撕破损伤。开春后,在谷雨前种姜出潭,立即做春角,即烘姜催芽。在种姜方法上,采用斜放和平放两种,既便于收取娘姜和管理,又利于姜芽出土。如准备挖取娘姜,俗称"偷娘姜",排姜时必须斜放。

生姜怕湿,所以姜田要掘沟排水,称为"抄姜沟"。这是一项十分辛苦的工作,技术好的抄姜沟师傅很吃香,东家招待不薄,俗称"五酒三饭四六八",意思是五顿酒三顿饭、早饭四个菜、中饭六个菜、晚饭八个菜,而且通常是荤菜,工钿加倍计算。姜喜阴,搭棚遮阳时间在六月上旬,到九月上旬拆棚,故有"端午遮顶,重阳见天"的农谚。搭好的姜棚怕被风卷走,姜农便在棚顶东南角放一个旧马桶盖或破夜壶,据说这样可吓跑龙卷风。

生姜在七月天热暴雨多的时节,易发生腐败病,即瘟姜,是姜农最害怕的魔,二三百年来一直无药可治。由于瘟姜也可食用,应及早挖取卖掉,俗称"摘瘟头",

新丰生姜（李奇良2010年7月摄于南湖新丰）

以减少损失。

在新丰镇民间还流传着一个关于生姜成救命的仙草的传说：白娘子和许仙在苏州开了一间诊所，有一年苏州城中怪病流行，很多药都不起作用，最后白娘子和许仙从新丰运来生姜，百姓喝了姜汤后，竟然都痊愈了。传说不胫而走，新丰生姜扬名天下。

平湖盛产生姜，早在明天启年间《平湖县志》中就有记载。这里种植的生姜畅销江、浙、沪乃至全国，经过加工的生姜制品还行销海外。长期以来，这一带形成了一套颇有特色的生姜种植习俗。

播种前要对种姜做烘干处理，把种姜的水分和所谓"僵气"烤干，称为"烘姜"。因为姜在生产过程中极易染上一种病毒，造成苗枯实瘟，姜农们称之为"姜瘟"，而僵气就带有病菌，因此必须将种姜烤干，才能催生出粗壮、健康的姜芽。烘姜需在烘姜棚内进行。烘姜棚用砖块或者水泥砌成，一侧开火门，芦苇或者竹编成的铺垫垫底，种姜就铺在上面。一般一平方米可以铺一百斤种姜，铺平的种姜上再铺上稻草。棚下放火盆，用硬柴、砻糠作燃料，以暗火烘烤七至十天，停火后炼芽两三天，就可以分块下种了。若是此时种姜还没有长出姜芽，就不能再做种子了。

生姜播种多在谷雨时节进行。平湖方言中"僵"与"姜"同音，再加上生姜易染病，姜农们都忌讳"僵"字，因此，生姜播种被称作"排辣货"。姜农们还常常在每垄姜的横头上放几根葱，祈求今年生姜生长"无冲"，讨个口彩。

待到夏至左右，生姜种子就会长出嫩芽。为防阳光暴晒伤芽，此时要搭建姜棚。姜棚用细竹作为棚架，上面稀稀疏疏地铺上麦秆草，既可以通风，又可以遮挡烈日。现在随着种植技术的提高，姜农们用油菜籽壳撒在姜棱上护芽，也同样有保护的效果。

新芽抽齐，新姜开始生长，此时需要培土保墒。为了保持土壤湿度，需要在棱与棱之间开掘一道一尺来深的水沟。挖沟时，在棚下作业，必须弯腰，因此对技术要求比较高。沟掘成后，放半沟水浸润姜块底部。新姜长到老姜一般大时，就不需要母体的滋养了。此时，人们需要挖坑，小心地将老姜掏出，俗称"偷姜母"。这种老姜去腥能力特别强，常被用来作为吃鱼虾等的调料或者加工为保暖药品。

处暑前后，姜块猛长，这时要卸掉姜棚，让姜苗充分地接受阳光照射，夜间吸收露水滋养，干旱时还要加强泡水管理，以防姜块不饱满而造成低产。

农历十月底前，生姜出售完毕，地里只留下做种子的生姜。种子过冬必须保存在窖里，俗称"窖姜"。窖须挖在向阳的高坡上，东北、西北面用稻草帘结成挡风屏。姜农们通过自愿组合，几户人家的种子共同存入一个窖中。窖中种姜达到一定数量，才能有效地保湿。因此，窖主会按事先统计的数量，确定开窖的大小，一般每窖有种姜数百至上千担。旧时，种姜入窖前要做社，祭拜土地神。窖主会在窖前摆上一张八仙桌，设两支蜡烛、一炉香、一盅酒，供上热菜，行跪拜之礼，祈求神灵保佑一窖种姜平安过冬。

18. 砖窑生产习俗

嘉善盛产砖瓦，乡间砖瓦窑林立，在这一带形成了一系列独特的生产习俗。

建窑墩时，要在选择好的地上丈量方圆，称为"画锅子"，也叫"盘窑"。用石灰画样，泥土围墙，只有烟囱、火门用砖砌。

窑户与做坯的农户签协议时，要发坯盆子，就是在一只木制的小盒子上写着坯户的姓名、窑户预订的数量和交货的日期，盒内放着定金。运坯有专门的船，船舱内至半舱处铺平棋，俗称"半舱平棋"；泥坯要竖着平放，八块到十块一叠。泥坯装进窑时，窑工有上装、下装两等之分。上装者技术高超，装泥坯上紧下松，出通水火弄，做到洞对洞，弄对弄，才能烧出好砖来。

烧窑的窑工分为正伙（大伙）、皮伙（二伙）和打杂

窑神（姚金富／摄影）

（三伙）三种。以正伙为主，只有正伙可以增减砖窑火门上的砖块数量，从而控制火候，俗称"动葱"。皮伙主要掌握添加燃料，打杂的是替班。三人以六个钟头为一班，一天分为四班。

窑烧到一定时间要向窑里加水，水由挑水人沿着砖窑的砖梯而上，砖梯有六十五级或七十三级，必定是单数。砖梯陡峭狭窄，尤其到了夜里，挑水者为了能辨清砖梯，不致跌倒，想尽办法。有的在砖梯两侧涂上一条石灰水，有的把灯笼挂在嘴里，双手各扶一只水桶。加完水，挑水者会用一根稻草插进窑顶的烟囱，看看是否被烧着，如果没被烧着，仅仅是颜色转黄，表示水加得正好。

砖瓦窑有六个洞，窑门、烟囱、顶部加水处、观水洞和窑底的两个洞，俗称为"六眼"。六眼通气，窑才能烧得好。每窑点火之前，窑工要举行祭祀仪式，称为"敬六眼"。敬六眼的仪式一般在窑屋内举行。届时，窑工们会买一张鲁班神码贴在窑门一侧，取土坯垒成祭案，上面供着一条鱼、一只鸡、一个猪头，一共六只眼睛，再斟酒，焚香点烛。正伙领头拜，接着是皮伙和打杂。仪式结束后，窑工们将供品分而食之。

临水而建是窑的民俗特征之一（金天麟2008年7月摄于嘉善干窑）

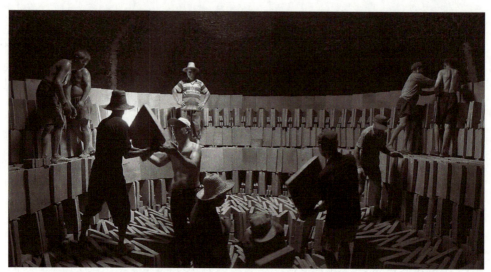

窑工（周向阳2008年摄于嘉善干窑）

如果连续几窑烧出来的砖质量不好，就称为烧了"老式窑"，必须举行仪式，请窑路头，驱除鬼怪。请窑路头由窑户主持，在窑屋内用土坯搭成祭案，摆上猪头、水果，点燃香烛和纸锭。

窑工有许多禁忌，比如忌说"红"字，尤其不能说"红砖头"，要说"这块砖头黑乎乎的"；泥坯或者砖瓦装船搬运过程中，窑工不准在船头撒尿；如果有鱼跳上运泥坯的船，则认为是晦气，必须把鱼踢下船。

窑工在窑场以唱山歌为主要的休闲娱乐手段。尤其是在休息时，即兴编唱，对歌比赛。所唱山歌以四句为主，篇幅较短。其中《做坯苦》传唱较广，反映了窑工辛苦的生活。歌中唱道："半夜三更起阵头（雷雨），跨出棹板头，点着蜡烛头，踢倒碎砖头，身上披着件衮衣头，跑出门口头，走进坯棚头，拎牢草荐头，堆着坯子头，敲开脚趾头，想想真苦头。"

窑工是当地庙会的热情参与者，在出会的队伍中尤为显眼。窑工们往往会把脸涂黑，头戴开花旧毡帽，身穿百衲衣，腰缠草绳，草绳上挂一串串铜钱，脚上拖着蒲鞋。俗信以为窑工草绳上的铜钱可以辟邪，窑工一路上扔铜钱，常被一些妇女抢去，挂在小孩子身上。

19. 篾竹窝习俗

旧时，人们除了用竹子建造房屋、桥梁，制作家具、农具等之外，还用竹篾编制各种器具。平湖钟埭镇的联丰村被称为"篾竹窝"，村子里家家会劈竹，人人会编篮。关于"篾竹窝"的来历，传说是明代刘伯温带领三百士兵经过这里，落下了三百把大刀，从此以后，这里的人就用这三百把刀劈竹编篮上街去卖，代代相传。

篾竹窝的姑娘出嫁时，嫁妆中少不了一把用红布包好的竹刀，人称"活宝"。凡是生小孩，床前要铺一张竹床，俗谚说"养出来就困竹，大起来铜钿银子滚进屋"。小孩做"三朝"，供佛时也要放一把竹刀，俗谚有"竹刀福到"之说。让小孩摸摸竹刀，长大勤劳肯做。凡是过年过节，竹刀上面要贴红纸，俗称"开红"。竹刀不能随便放，刀口要朝里，俗信以为"财气朝屋里"；竹刀横放，俗称"家时来横发"，有外来福气之意。卖竹篮的扁担特别长，无论挑多少竹篮都要两头翘起，俗谚说"竹扁担翘，提篮卖起来俏"。这里的新媳妇进门，倘若过了三个月还不会做篮，便会被人讥讽为"没出息"。平时，村上的人都手拿竹筒、竹篾，集中到某家人的堂屋中，一边谈笑一边编竹篮，称为"拿生活"。每年腊月廿七大扫除后，停止做竹刀活，俗称"收刀"。正月初一上午不动刀，一般下午就要开始劈篾竹编篮，俗称"开刀锋"。开刀锋的第一刀要朝里，俗谚有"朝里，朝利，利市来"之说。凡是新攀的亲戚，每年小年夜要送提篮。

20. 酿酒习俗

嘉兴一带，酿酒生产由来已久，旧时主要有黄酒、白酒和家酿酒三种，以黄酒酿造流传最广。黄酒酿造又有绍帮、苏帮和本帮三派。所谓绍帮，就是由绍兴籍的师傅酿制正宗的绍兴黄酒；苏帮为苏州师傅酿酒，酿出来的称为"仿绍酒"；本帮就是由本地师傅酿制黄酒，酿制出来的称为"土黄酒"。

土黄酒以糯米为原料，酿造时需加入生麦曲（酒药）。主要的酿造工具有缸、坛、甏、木榨、草盖、稻草等。酿酒的师傅中，为首的称作"把作师傅"，其次叫"二帮师傅"。把作师傅一般都经验丰富、技术精湛，要负责整个酿造过程。他主要负责

酿酒工场（周向阳20世纪90年代摄于嘉善黄酒厂）

开扒。开得早叫"嫩扒"，迟了叫"老扒"，都会影响酒的质量。

酿酒工场忌讳生人进入，更不允许生人开酿缸。若是碰上连续酒酸或者量少，把作师傅就会带领全体工人到工场外设祭坛敬拜菩萨。祭拜仪式供品不拘，供上杜康神位，点上香烛，众人依次参拜。

绍酒、仿绍酒的酒坛外都涂有红色泥土，土黄酒酒坛外涂白石灰。土酒酒甏上的石灰水色新鲜，说明酒是新鲜的；如果石灰水变灰、变暗，则是陈酒。

这一带酿制的黄酒有加饭、花雕和善酿之分。加饭就是在煮酒过程中增加了饭量；花雕也属于加饭，因其酒甏上雕花而得名，要窖藏三年；善酿则是在煮酒过程中加入了黄酒，以黄酒酿制。

除此之外，还有农家自酿自喝的，叫"三白酒"，又称为"杜作酒"或"杜做酒"。酿制时，先将上好的纯糯米饭蒸熟，然后加酒药发酵而成。农历十月酿制的最佳，称为"桂花黄"，酒色青绿不浑浊，装坛密封，可以存放多年。春天酿制的称作"菜花黄"，不宜久存。农户一般都在深秋酿制，少则三五十斤，多则几百斤，供过年时饮用。

21. 叫卖声俗

"三分生意七分叫,不叫不喊不成交",生意人边叫边卖,以此招徕顾客,早已相沿成习,成了一道独特的风景。

叫卖分坐堂叫卖和走街叫卖两种。坐堂叫卖指的是经营者在固定店堂里边做生意边叫卖,以此拉拢人气。根据经营场所的不同,也有不同的称呼。

大小酒菜馆里堂倌们高声吆喝,称为"叫堂"。但凡跑堂者,都会喊堂调,招待每位客人都需有"一客三唱",即叫菜、上菜和叫账。"上菜",随曲即兴编词,呼之即出;"叫账",不论饭菜多少,随曲传账,十分热闹。

衣庄店、寄售店的叫卖称为"叫包"。店员站在矮凳上,手拿衣服,不时摊开折拢,边唱边叫:"叫卖生意叫卖货,叫卖货色便宜多。阿(哪)位老板本钿大,拆拆烂污不在乎……"声音高亮,吸引了许多围观者。

叫鲜是鲜果行业的看家本领,水果店伙计人人会唱。他们往往能够在一长串的叫卖声中把水果的品名、产地、质量、价格和进货时间一口气唱出来,让顾客一听了然。

走街叫卖指的是提篮挑担的小贩走街串巷,沿途叫卖。现做现卖小吃、熟食的称为"叫吃",加工修理的是"叫作",弹唱算命的则是"叫卜"。

由于经营内容不同,小贩的叫法也不尽相同。有的平实如喊话,如"青菜、萝卜要哦?""芋艿、毛豆要哦?"还有"生炒热白果"、"糖炒热栗子"、"扁豆汤"、"火肉粽子"等,八仙过海,各显其能。有的喜欢加上点儿修饰语,既彰显了商品特色,又显得生动有趣,比如"呱啦松脆糖梅子"、"喷香扑鼻的白兰花、珠兰花"、"阴凉蜜甜甜酒酿"以及"飞龙丝快磨剪刀"等。还有的边唱边打击器物,用来伴奏的器物有金、木、竹等质地,发出的声音各不相同,久而久之,人们便能够听声知物了。比如担着馄饨担的小贩敲着竹帮,发出"笃笃笃"的声音;"嚓嚓嚓"则是卖酒酿的铅桶里骨牌摇晃发出的响声;竹片"扎扎扎"互相撞击,就是汤团担来了。此外,还有"走访郎中摇铜铃"、"破烂换糖摇咯咚"、"生铁补镬拍铁板"、"铜匠担子扯铜片"等,趣味盎然,形象生动。

22. 响堂

响堂是旧时嘉兴一带酒馆、菜馆里负责点菜、传菜、叫账的伙计。因为过去店面称为"堂子"，跑堂需要穿梭于店堂之中，响堂则要在堂子里高声吆喝。

做响堂，一要精明能干，哪个顾客要了什么菜都要对得上号，不可出错；二要善于心算，各桌账单要算得丝毫不差；三要嗓音清脆，吆喝起来里里外外都得听得清。

堂子营业开始，顾客进门，响堂笑脸相迎，安排就座。随后有跑堂端茶递水，奉上手巾。然后，响堂便会上去点菜，顾客点毕，即用清脆响亮带有节奏的嗓门喊起来："哎，来了！清炒肉丝、糖醋鲫鱼、三鲜砂锅各一，外加绍兴（老酒）两斤啊……"随着响堂传菜声歇，灶间厨师便会在里边高声答应。等客人用餐完毕，响堂又会上前结账，也用别具韵味的调门喊起来："哎！下来会账，五元六角八……"账房随即答应，一唱一和宛如戏曲中的唱词，韵味十足。

23. 药店习俗

嘉兴药店历史悠久，习俗丰富。远自唐代，嘉兴、海盐及澉浦、崇福、乌镇、乍浦、石门、盐官等市镇商业集市已经形成。明代以后，嘉兴东门的大年堂药铺已在后世资料中见有记载。清雍正年间，嘉兴杨九牧药酒店之前身——同善堂药铺在嘉兴北郊今秀洲区油车港马库小镇开设，享誉三百余年的杨九牧药酒就出于此处。清代以前的嘉兴中药业少见文字记载。至民国，嘉兴市区已有杨九牧药酒店、兰台药局、童天成堂这些建于清代的百年药店。各县又有西塘钟介福堂、乌镇阮恒德堂、平湖杨广济堂、海宁长生堂、海盐马天益堂等多家始创于清代的百年老店。

大的中药店历来都有丸散集记载丸散膏丹制作，俗称"堂簿"。以往各地经营的丸散膏丹，除按《太平惠民和剂局方》配制外，还有各家药店依本店堂簿加工制作的，以显自家特色。如兰台药局的安息葆元贡带，当年曾作为贡品进入宫廷，故有"贡带"之称；杨九牧药酒店治疗风湿病痛的药酒、丸散配方的来历富有传奇色彩，遐迩闻名；平湖的五参散、十三太保方，西塘钟介福堂的薄片驴皮胶、八珍糕，海盐马天益堂的丰山脱力药等，也极受顾客欢迎。

与"杨九牧"的药酒一样，"杨九牧"的石佛在嘉兴也远近闻名。清乾隆年间"杨九牧"的药酒丸散治愈了龙虎山张天师的偏枯之疾，张天师赠"人世天医"匾额一块，又嘱咐药店立石佛一尊于阶前做镇宅用。日久，石佛成了杨九牧药酒店的标志，来店就医者，必先抚摸石佛，传能保佑病人早日康复。1966年，石佛被"破四旧"的"红卫兵"腰斩而毁。2014年3月，重塑药师石佛于店内，以佑人安康。

养梅花鹿，只有大牌药店能为。每到深秋初冬，大的药店制全鹿丸时，会在店门口张贴红纸告示，预告本店某月某日在门口当众宰杀梅花鹿。当日，店员打着自家店的牌号，牵着角系红绸带的梅花鹿，敲锣打鼓在城里主要街巷游走一圈，然后回到店门口，当众将梅花鹿吊死，再制作全鹿丸，以示诚心、地道。一些药店还在店堂后院种上藿香、佩兰、青蒿、大青叶等，用大缸养荷花，以应中医师取鲜货配药。

创建于清光绪十一年（1885年）的嘉善西塘钟介福堂，当年在制作夏令防暑痧药飞龙夺命丹时，为示虔诚，利用寺庙法事活动，展示所用药材，任人参观。药工素食三天，当殿配制，药制成后交由寺庙布施。

曲尺形柜台，高高的百眼橱，瓷瓶、锡壶、戥子秤、铜杵筒，厚厚的砧板上的药刀、乌黑的铁船以及柜台外的几张供顾客等候之用的太师椅或红漆木凳，是中药店留给大家最深刻的印象。老一辈留下的习俗——靠柜台第一幢药橱第一排的第一只抽屉都会放上百合、蔓（万）金子，或是千金子、吴茱萸（吴如意）等药材，寓意吉祥如意，财源滚滚。

传统的中药配方都是一味一包，十味药就有十个小包，再将十个小包叠起来包成一个宝塔包。包中药的纸包也很有讲究。包一般的中药有方包、虎头包。而包大补药就要包成枕头包，四角分明，线条笔挺，再在外面加上一张四方红纸，上面写上一个"补"字。

药店讲究金字招牌与立柱楹联。如"拆兑地道药材"、"遵古炮制饮片"、"虔修丸散膏丹"、"货真价实"、"童叟无欺"、"本草药名居第一，杏林上品补真气"等，这既是经营之道，也是中药传统文化的体现。

　　旧时药店都为前店后场。前面店堂，后面是药材加工炮制场所，也叫"里场"。里场师傅按技术高低分头把刀、二把刀直至五把刀。名牌大店重视药材加工质量和外观形象，片形完整、美观，所谓"黄芪似柳叶，乌药像铜钿，附子飞上天，槟榔不见天，半夏鱼鳞片"，就是对头把刀师傅刀上功夫的赞誉。

　　进药店当学徒须有荐人陪同，并按规矩点烛立毡，向资方或经理行拜师礼。三年学徒，从开门到打烊，店里杂务都要做。晚上读药书、识药、练习包药。平时住在店里，不准回家。

　　每年春节至初十，凡来药店配药者，店家都用大红纸套包，以向顾客表示新年道贺之意。每至夏季，一些药店还会向百姓免费赠送夏令防暑药品、药茶。冬令时节，大的药店还会为顾客免费煎熬膏滋药等，以揽民心。

　　正月初五，财神生日，又叫"接路头"。各家药店会在初四晚预备供品接财神。初五开店，东家会宴请全店员工，并按职位依次躬拜财神菩萨，以期当年大吉大利。端午也是大节，药店在上一天就将雄黄、苍术、白芷包好，端午一大早熏燃起苍术、

堂前供石佛的杨九牧国医堂（屠笃丽摄于2014年5月）

白芷，购买者络绎不绝。一些店家还泡好雄黄酒，为走进店里的小孩额上写一个"王"字。

农历四月二十是药王神农氏诞辰，届时各药店、药行都要在神农氏、孙思邈像前举行祭祀仪式。各家店主领着众店员焚香礼拜，十分虔诚。这一天的早餐，各店都要准备长寿面、药王酒供店员们吃喝，数量不加限制。中、晚两餐则有同业公会或是公所设宴款待各药店老板、经理，并请戏班唱戏助兴。

旧时，嘉兴及各县药店同业公会制定行规约议作为各家行为规范，如初一、月半可打折让利；新店开业，各类药物优惠等。

中药讲究禁忌，既有药与药之间的禁忌，也有药与食物之间的禁忌。如中药的"十八反"、"十九畏"就是中药配伍之间的禁忌。而服用中药期间则要忌萝卜、浓茶及生冷、辛辣、鱼腥、油腻之物等。

中药药渣倒在马路上的习俗由来已久，并延续至今，但说法不一。一说是暗示左邻右舍和路过者家有病人，请人做好预防工作；二是让大家踩踏药渣使病魔丧失威力，病人能早日康复；三是可让病邪转嫁他人。

24. 理发习俗

理发行业的工匠，旧时被称为"剃头匠"。海宁硖石的理发业被公认排在三百六十行之首，当地民众也把它看作是生活中的头等大事，理发店常贴有"大事业头上做起，好消息耳中传来"的对联。

硖石理发业奉罗祖为祖师爷。传说罗祖是唐代的一位剃头匠，他冒着生命危险为武则天的"驴头太子"剃毛。结果，他剃去了太子的驴皮，还其真人面目。武则天大喜，免去了天下剃头匠的税赋，解救了整个行业。罗祖的胆略为理发行业全体敬佩，被尊为祖师爷。

每年农历七月十三是剃头匠生日，届时各家理发店挂出"停业祭祖"的牌子，各店主领着自家伙计，备上三牲、香烛供品，举行盛大的祭祀仪式。祭祀完毕，全镇百余名理发匠聚餐一顿，以示团结友爱，互祝生意兴隆。

一个人从生下来到离开人间，终身离不开理发，硖石由此也形成了许多相关的

生产商贸习俗

嘉 兴 民 俗

习俗和行话。比如婴儿出生第一个月要剃满月头，行话称为"稚红顶"；婴儿一周岁要剃周岁头，谓之"小红顶"；结婚要剃光彩头，行话叫"大红顶"；生日要剃生日头，又称"长寿头"；久病不愈要请师傅"开光"，俗称剃掉"晦气头"；人死后还要剃个终身头，行话称"角顶"等。凡遇上这些特殊性服务的需要，当地人都会请剃头师傅上门服务。此时，剃头钱要送整数的红包，还要备酒席。剃角顶尤为讲究，一般都要请名师到场，俗规只许三刀剃成，称"开山刀"，不可剃第四刀，否则会被认为不吉利。

理发匠之间习惯用行话交谈，他们的工具在行话中都有别样的称呼，显得尤为亲切。比如剃刀称为"亲子"，剪刀是"苗子"，毛刷叫"觅子"，头皮梳喊作"磨子"，围巾叫"栏子"，毛巾称为"袖子"，脸盆是"盘子"，木梳叫作"山山"，镜子是"光亮"等。理发的手艺差被称为"牛脚"，手艺高超被赞为"精生"，动作快叫作"推"，动作慢则叫作"拖"等，不胜枚举。

碌石理发匠手艺高超，服务态度热情，行内有一条俗规称："三分生意七分待，

理发（张庆中2008年摄于海宁市许村镇）

人无笑脸休开店。"除了理发之外，还推出许多辅助性服务项目，其中常见的有捶背、按摩、翻眼皮、通鼻管、刮痧等，颇受顾客欢迎。

如今，现代化的发廊、美容厅等早已遍布大街小巷，但是传统的剃头形式仍未绝迹，特别是在老年人中还有一定的市场。硖石镇上至今还保留着十余家传统的剃头店，仍然沿袭着一些传统习俗。

25. 拜师收徒习俗

拜师收徒历来流传着不少规矩，嘉兴一带也不例外，各行各业都有一些不成文的习俗，世代沿袭。

棉布、酱酒、南货、茶食都属于柜台店面，拜师收徒规矩繁多。学徒年纪一般在十六七岁，须得由介绍人带领来到店堂行拜师礼。行礼时，在柜台末端或青龙板前点燃蜡烛，地上铺上红毡毯，师傅正坐，学徒双膝跪倒朝师傅行磕头大礼，口称"先生"。然后由师傅按老大、老二先生的顺序向学徒引见店内同事，此时学徒得一一作揖行礼。最后，介绍人或学徒家人要给店内诸人分红纸包裹的糖果、糕点等，称为"结缘"。

学徒期限一般是三年，其间主要学习业务，还得兼做各种杂务，诸如洗水烟管、擦煤油灯，给客人端茶送水，替先生盛饭、端洗脸水等。待到招收新学徒时，这些杂务才由新进师弟代替。学徒每月除吃喝外，还可以得到一些月规钱，年底时有一个红包，称为"鞋袜帽子钱"。

店堂内还有不少讲究。只许站不能坐，更不能看书报。站的位置也有规定，大师傅站头柜，普通职员站二柜，学徒只能站末柜青龙板处，且师兄弟也得按顺序站，不能越位。

打铁、泥水、木匠等手工业，技术要求高，收徒另有一套规矩。学徒学艺先得经人介绍写一份关书，写明学艺几年，其间除吃饭外每月有月规钱。学徒期间，不论生病死伤，都与师傅无关。关书由学徒、师傅及介绍人画押签字，各自保管。关书签订后，举行拜师仪式，点上一对红蜡烛，恭请师傅上坐，学徒行跪拜叩头礼。礼毕，师傅带着学徒拜见师母，引见师兄及老工人。泥水、木匠拜师，除了点烛叩头

外，还要送上肉、鱼、面等请师傅食用，随后在师傅的带领下祭拜鲁班先师。

学艺时间一般也为三年。打铁匠行内，学徒第一年常充当师傅家的杂役，看小孩、做家务、修炉灶。第二年或再收小徒后才开始跟师兄或老工人学拉风箱之类的粗重活。三年期满后要摆谢师宴，感谢师傅教诲之恩。

饮食、理发等服务业拜师仪式大致相同。学徒期间只能做些辅助性工作。比如菜馆有头锅、二锅、三锅之分。头锅炒各类热菜，掌勺的师傅手艺较高；二锅是捞面，做八宝饭等，由二锅师傅掌勺；三锅是由烧卖熟食的师傅掌管。店堂里有跑堂招呼，学徒只做些洗菜、洗锅、洗碗盆、送菜、送面的工作，闲时还要帮店主做家务。菜馆学徒没有月规钱，只能从小费中与师傅分账，称为"小账"。三年满师后才可"起俸"，上锅台。

理发店的学徒，拜过师傅后，要经过看、练、做三个步骤。"看"就是在师傅工作时仔细观察，看师傅如何待客，如何操作，如何站立，还要烧热水，热天拉风扇，在旁绞送毛巾。"练"就是练拿剃刀、拿轧剪的基本功。接着就是"做"，做一些简单的活，比如刮胡子、剃光头、轧平头、理小西发。一般三年满师后，师傅可定工资。第一年根据技术水平与师傅拆账，有一九开、二八开、三七开等。以后按标准定工资，称为"起薪俸"。剃头师傅一旦失业，可以向同行"打招呼"求援，一般对方都给予照顾。

叁

生活社交习俗

生活社交习俗
嘉 兴 民 俗

物质生活包括饮食、服饰、居所以及器用等方面的内容，通常也称之为"衣食住行"。长期以来，各地民众在这些物质生活方面以及相互的交际活动中形成不少约定俗成的规矩和套路，成为传统，世代相袭，这就是我们在这里要说的生活社交民俗。生活民俗在形成过程中，必然会受到特定地域的自然环境、政治经济、社会心理等诸多方面的影响。盛行于嘉兴一带民众中的生活民俗总是带有鲜明的地域特色，不仅满足人们基本的生理需要，也折射出这一带人们特有的审美心理、伦理道德观念，向我们展示出一幅朴素而真实的生活图景。

I. 围腰布襕

旧时，嘉兴一带农村男女常穿一种裙子，叫法不一，嘉善、平湖叫"围腰布襕"，海盐一带男子穿的叫"作裙"、女子穿的称为"布襕"，海宁叫"作裙"。这种裙子的来历已经无从考证，据说是因为冬季农民下地干活时，上身穿着棉袄，下身只穿一条单裤，感到十分寒冷。有一户人家的媳妇为了给丈夫防风保暖，就随手将自己刚织好的土布围在他的身上。果然，男人觉得暖和多了。从此之后，这一带的农妇们便把自己织的土布做成裙子的样子，让男人外出干活时围上，并称之为"围腰布襕"。

围腰布襕的做法并不复杂，需要两块大幅蓝布，一块蓝腰布和两条长长的束腰带。腰布缝制在大幅蓝布上，束腰带连着腰布。

嘉善围腰布襕（戴丽／摄影）

蓝布在腹部相交叉，两侧下端有褶皱，便于行动。腰布前部中间位置，农妇们会缝出一个暗褡口袋，用来放些小物件。口袋的表面，多有绣花作为装饰。束腰带围着身体绕一圈后，在背后打结固定。裙子的长度以刚好遮住鞋面为宜，劳作时，只需将裙子下摆前部开叉处提起，塞在腰间即可，十分方便灵活。围腰布裥男女样式大体相同，妇女所穿的在束腰带两端和暗褡口袋处都有大面积的绣花，更加美观。

这种蓝布围腰布裥既保暖又透气，穿着舒适，可以从深秋一直穿到初夏。旧时，人们还会根据围腰布裥的制作水平、绣花水平来品评新娘双手是否灵巧。女子穿上这种裙子，走起路来别有一番风韵。当地有一首民谣唱道："月白布衫红绲条，围腰布裥花带飘。一个花髻金钗翘，一对小脚摇呀摇。"

男女同穿蓝布围腰布裥的习俗一直延续到20世纪50年代，之后穿这种裙子的人越来越少了。

2. 戴东头布头巾

旧时，杭嘉湖平原东部嘉善、平湖、金山、枫泾一带妇女喜欢用自家织的布做头巾，称为"东头布"，织布裹头巾的妇女就叫作"东头人"，也叫"织布娘"。

东头布，产于枫泾一带，所以又叫作"枫泾布"。当地有俗谚说："十三姑娘问织布，土布头巾品媳妇。"这一带农村的媳妇不论年纪大小，都要用自己亲手织的布做成方形头巾，裹在头上。一年四季走亲访友、田间劳作都不忘系上头巾，一则表示已经嫁人，二则也显示自己心灵手巧，聪明能干。

戴东头布头巾的习俗还与当地纺织业的兴盛有密切关系。明清时期，枫泾、嘉善一带盛产棉花，纺纱织布业十分兴盛，人们的衣服均出自自家纺织娘之手。当地素有"卖不完的枫泾布，收不尽的魏塘纱"之说。还有一首《棉花山歌》形象地描绘了东头布纺织的兴盛情景，其中唱道："十一月棉花上轧车，半边粒子半边花。生丝弓弦乒乓弹，生铁锭子出细纱。十二月棉花上布机，织布阿姐笑嘻嘻。一日要织三四匹长布头，大小男女着新衣。"

织布业的迅猛发展也带动了这一带的布匹商贸交易，各地布商纷纷来镇上开设布行、布庄，收购土布，布市异常繁荣，所产土布销售至北方诸省和南方沿海地

区。繁荣的布市也引起了农户之间的相互竞争,聪明的枫泾人就将土布裹在头上,打起了广告。妇女们将织得最好的、花色最新的布料裁剪以后作为头巾,非常醒目。布商收布一般也会先看看织布娘头巾的好坏,若是看中了就能出个好价钱,织布娘因而获得长期、稳定的客源。同行们见了也会前来取样、学艺,又可以挣到一笔纹样费和学费。因此,农妇们十分重视头巾,很注意替换和翻新。同村之间的媳妇还要一争高低,比谁的样式更加时髦。

经过长期的发展和激烈的竞争,东头布花样不断翻新,有条子、格子、芦席花、提花、镶色等,花色有百余种之多。

清末民初,洋布充斥市场,东头布交易日渐衰落。新中国成立后几乎绝迹,但在平湖、金山等少数地区还是有老年妇女依旧保持着戴东头布头巾的习俗。

3. 蚕乡六碗菜

嘉兴蚕乡人家一年中有六碗常吃的菜,二荤四素,不仅与蚕农们的生产生活息息相关,而且还表达了对蚕神的敬重,颇具地域特色。

这六碗菜,第一碗是白鲞红炖天堂肉,就是把一段白鲞放在肉上面,一起放进锅内蒸熟,制作十分方便,又下饭,一般在插秧时吃。第二碗是油煎鱼儿扑鼻香。水乡多鱼虾,家家户户都会捕鱼捞虾,把捞上来的鱼虾用油煎一下,加上葱花等作料,就是一道好荤菜。第三碗是香菌蘑菇炖豆腐,嫩豆腐加上盐和其他作料,同饭一起蒸,或者凉拌一下。第四碗是白菜香干炒千张,这是当地蚕农敬神的菜肴,如蚕歌中所唱:"马鸣王菩萨吃净素,千张皮子豆腐干。"这种豆腐干蚕乡人还可以做出许多不同的吃法。比如加上黄花菜、木耳、胡萝卜丝、黄豆芽等素材就是八宝菜了。黄豆芽弯弯似如意,又叫"如意菜",颇受大家的欢迎。第五碗菜是酱烧胡桃浓又浓,这是专门用来给蚕娘们补身子的。蚕娘们日夜辛苦,要用胡桃补补身子,再加上这种烧法可以令菜肴在夏天里也不易坏,简单实用。第六碗是酱油花椒酱花生,既可下

传统越剧《何文秀》"桑园访妻"剧照（海宁市越剧团表演 钱雪军/摄影）

酒又可下饭。

这六碗菜，用料简单，制作方法易学，物美价廉，几乎在家家的餐桌上都可以见到。六碗菜还被用于祭祀祖先、蚕神，在日常生活中占有很重要的地位。这些菜虽然没有成为名菜，也没有上菜谱，却相沿至今，融入日常生活中，颇受民众喜爱。后来被越剧传统戏《何文秀》编成唱词，广为传唱，在这一带的影响就更大了。

4. 印花糕

印花糕俗称"糖糕"，是嘉兴一带传统的节令食品，主要用米粉、红糖拌和制成，表面印有各种花纹图案。旧时，逢年过节，家家户户都要制作印花糕，这种习俗一直沿袭至今。

专门为制作印花糕而雕刻的模板，称为"印花糕模"，以油杉、紫檀木、白杨木

生活社交习俗
嘉兴民俗

农家过节做糖糕（张觉民2011年12月摄于秀洲区王江泾民主村）

为原料，经过锯板、打眼、雕刻而成。一般板厚三至四厘米，打眼深度二至二点五厘米。雕刻吸纳了民间剪纸的一些特点，采用浅浮雕刀法，阴刻出各种图案。雕刻风格根据图案内容而变化，有的精雕细刻，有的比较粗犷。模板要便于操作，脱模爽快，不粘粉垢。使用完后，须将模板洗净晾干，并涂上菜籽油，便于下次使用。

这样做出来的印花糕形状不一，花色各异，寓意吉祥，图案主要有寿桃、元宝、盘龙、双鱼、如意、三牲等各种动物灵兽、花卉植物等，边上还配有"寿"、"福"、"四季平安"、"黄金万两"等口彩词。

"糕"与"高"谐音，制作印花糕有"步步登高"的吉祥之意。此外，这种糕还用来敬神，祈福辟邪。特别是对农村妇女来说，印花糕做得好，成为心灵手巧的标志。旧时，印花糕的应用很广，除了逢年过节外，婚丧嫁娶、祝寿、做满月、庆贺中考或者建屋上梁，都要制作印花糕表示庆贺。通过一块块古朴精美的印花糕，人们表达自己的生活愿望以及对亲友的期望和祝贺。

5. 粽子

粽子，古称“角黍”，是端午节传统的节令食品。传说为了纪念伟大的爱国诗人屈原，端午节这天，人们纷纷以粽子互相馈赠，后来逐渐形成了端午节吃粽子的习俗。这种习俗在嘉兴也非常兴盛。

端午未到，家家户户的主妇们就买回材料，为包裹端午粽做准备。嘉兴粽子在选料、制作、口味、形状上独具特色。粽叶多用毛竹叶，也就是箬竹叶，用水泡一泡就可以用了。在南湖新丰一带，也有用荷叶包粽子的，但比较少。有个别人家，用本地的万年青或者宽大的芦苇叶子包粽子，芦苇叶一般选择根部往上数第三片，据说生长在这个位置的叶子包粽子最清香。

旧时，缠粽子的材料都是稻草秆儿，每家都有，用时在水里泡一下或者煮一下就可以了。现在人们多用棉线，也有用塑料线的，一般从市场购得。端午粽常常用不同颜色的线来区分不同馅料的粽子。粽子一般需要缠六道线，寓意六六顺。

嘉兴本地人多包四角粽，从绍兴等地迁移来的移民多包三角粽。三角粽较小，一般不超过一百克，四角粽相对较大，重量在一百五十克以上。旧时，普通人家裹粽子只用糯米，用清水煮熟，称为“白水粽”，蘸糖吃。随着人们生活水平的提高，粽子的馅料也丰富起来，有红枣、赤豆、猪肉、蟹黄、蛋黄、火腿等。旧时还曾经出现过一种灰汤粽，就是选取比较好的稻草或者老蚕豆壳、桑树条烧制成灰。然后用纱布包住灰放在盆里用热水浸泡，待沉淀后滤出清水。包粽子时，取一些灰汤水加入糯米中。包好后，粽子入锅，将剩余的灰汤水倒入锅里煮三个小时，再焖三个小时。灰汤煮出来的粽子，口感比较清凉。

嘉兴粽子以五芳斋粽子为代表，制作选料更讲究，被誉为“江南粽子大王”，以糯而不烂、肥而不腻、肉嫩味香、咸甜适中而著称。20世纪初，有个兰溪人张锦泉在嘉兴靠弹棉花为生，春夏季因为生意清淡，就在孩儿桥堍设摊卖粽子。他的粽子外形别致，沿用了兰溪一带四角交叉立体长方枕头形，再加上选料讲究，制作精良，风味独特，很受嘉兴市民的欢迎。1921年，张锦泉和几个兰溪老乡就在嘉兴当时最热闹的张家弄租了一间店面开了第一家荣记五芳斋粽子店，主要经营火腿鸡肉粽、重油夹沙粽。后来，嘉兴人冯昌年、朱庆堂在“荣记”对面和隔壁各开设了“合记”和“庆记”五芳斋粽子店。三家店都聘请了兰溪师傅，各自在选料、配方、包裹、熬烧

生活社交习俗

嘉 兴 民 俗

五芳斋粽子（屠丽辉/摄影）

等环节动足了脑筋。在激烈的竞争中，五芳斋粽子质量不断提升，品种不断增加，声名鹊起，驰誉江、浙、沪。

五芳斋粽子按传统工艺制作而成，选料、加工都非常讲究。糯米要经过精心挑选，去除杂质和霉变的米粒，再用黄酒、酱油、味精配成的料浸拌。粽箬也得用沸水煮过，用刷子刷洗干净。粽肉必得选后腿肉，甜粽的豆沙要调拌得细腻发光。包裹时，每只粽子的重量、裹法、外观都有严格的规定。烧煮时要用旺火烧、文火焖、清水淋，次数、时间都不能有差错。这样烧出来的粽子才能全身入味、香气浓郁、味道鲜美。

改革开放以来，五芳斋粽子采用现代化的生产管理方式，不断创新，开发了七十余个新品种，并借助连锁店、网络等新型销售平台，不断扩大自己的影响，延续着"粽子大王"的美丽传说。此外,嘉兴本地"粮午斋"、"昌记"等新的粽子品牌也别具特色。

6. 歇夏米花

嘉兴塘汇(今嘉兴经济开发区塘汇街道)一带有民谣唱道:"知了叫,老蝉啼,媳妇归,女儿居。"每年农历五月底六月初,新媳妇的娘家都要准备好米花,迎接女儿、女婿上门来歇夏。相传歇夏米花风俗开始于清初。农历五月底六月初正是小暑、大暑节气,农事不忙,正好借此机会让新出嫁的女儿回家调养休息,同时也好让双方亲家走动走动,增进了解,由此形成了嘉兴民间特有的风俗,并延续至今。

歇夏米花主要以糯米粉为原料,呈蝴蝶形状。为了便于及时将米花分摊晒干,制作米花须挑个大晴天进行。制作时,把糯米粉和面粉按十比三的比例混合好,加入适量白糖,用少量开水揉拌均匀,再搓成长条。将圆条状的米粉蒸熟后取出,放在粉盆里反复揉搓,用擀面杖擀薄,切成大小不等的面皮,并用剪刀剪成花条,最后捏成蝴蝶状的半成品米花。

一般到了农历六月初二,新婚丈夫都会带着妻子和糕点礼品到妻家拜望岳父、岳母,并要住上二天到四天。这时,娘家人便忙着把半成品的米花放入油锅内翻炒,炒成松脆香甜的油氽米花,装在笋筐里。待女儿、女婿回家时,摇着船一同送到婆家。亲家相见,都要摆酒款待。这天下午,还要把蝴蝶形的米花分送给四邻八眷,俗称"结缘米花"。

近年来,随着人们生活水平的提高,歇夏米花的花样和口味也越来越精细,数量也由原来的三四筐增加至六七筐了。

7. 南湖菱

嘉兴南湖菱被誉为"天下第一菱"。在六七千年前的马家浜文化遗址中,人们就已经发现圆角的碳化南湖菱了,可见其历史之悠久。每到立秋前后,南湖菱纷纷上

市，以其生脆香甜的口味、青翠欲滴的外形深受民众的喜爱。

　　南湖菱的生长具有得天独厚的自然地理条件。嘉兴南湖，位于京杭大运河下游，湖底平缓，光照充分，气候温和，泥土肥料丰厚，加之菱农们的精心栽培，南湖菱早在20世纪30年代就已驰名沪上，在万国博览会上获奖了。

　　每年清明一过，种菱人便划着小船到湖里打桩，再把草绳系在木桩上，将湖面划成一块块或长或方的区域，菱便长在其中。到了立秋采菱的季节，姑娘们着红穿紫，坐在菱桶内，穿梭于一片翠绿之中，互相嬉笑打趣，还不时唱起悦耳的采菱歌，如同清新的山水画一般动人。因此，采菱的场面也经常成为诗人、作家们的创作素材。清代诗人朱彝尊《鸳鸯湖棹歌》云："江市鱼同海市鲜，南湖菱胜北湖偏。四更枕上歌声起，泊遍冬瓜堰外船。"朱麟应在《续鸳鸯湖棹歌》中写道："菱生别港角多尖，独爱南塘味最甜。一棹入城齐问价，家家水阁卷疏帘。"更把南湖菱的外形特

清代潘振镛作《南湖采菱图》（于能／供图）

征以及小舟入城卖菱的场景描写得惟妙惟肖。

南湖菱外形圆滑，无角无刺，好像一只元宝，也像馄饨，所以有人又把它叫作"元宝菱"或者"馄饨菱"。传说当年王母娘娘举行蟠桃大会，七仙女各人手捧一盘宝贝去祝贺，有金馄饨、玉佛手、翡翠甘蔗等，没想到碰上了莽莽撞撞的孙悟空，撞翻了金馄饨，那盘金馄饨落入南湖，就成了南湖菱。

嘉兴人吃菱的名堂很多。熟吃可以做菱饭，裹菱角粽子，还可以做菱烧肉、菱烧豆腐、毛豆烧菱等家常菜，甚至单炒，撒上一把葱花，也是一道清香可口的菜肴。吃菱的季节里，嘉兴街头巷口就会架起一只只铜制的烧菱镬，放入镬中的青菱外壳很快就会变黑，成为老菱。老菱虽然壳硬，但吃起来既粉又糯，十分香甜。采菱女也会将采来的菱角煮熟，放在长长的竹篮内，到城里走街串巷叫卖。还有驾着采菱船的，在市河里游走，碰上谁家打开窗户，吊下一只装了钱的竹篮，就称上一篮半篮刚采摘的青菱递上去。

南湖菱也是嘉兴一带民众走亲访友时的馈赠佳品。旧时，卖菱人都会在菱桶边上准备好蒲包，称上五斤十斤后包起来，再盖上一张印有"嘉兴特产南湖鲜菱"

南湖菱（威剑／摄影）

字样的大红纸。现在，已经改用马甲袋或者尼龙丝袋包装，但以菱馈友的习俗依旧延续了下来。

8. 吃讲聚

吃讲聚是旧时流行于嘉善农村的一种聚餐做社风俗。十至二十户人家为一社，聚拢时，大家一边吃饭，一边聊聊生活、生产近况，因此被称为"吃讲聚"。一般每年要做四次社，即开印社、黄梅社、汰脚社和封印社。

正月十二为开印社，又叫"头社"，就是说年头已经过去了，要大家做好春耕准备。做社的经费一般先由社头、社尾垫付，聚餐结束时再由各家均摊。届时造好单据，由各家盖印，因此称为"开印社"。社头、社尾负责准备聚餐所需的柴米油盐、菜蔬供品，除了猪头、猪尾必须有外，其余的从简置办。聚餐安排在这一天的晚上，各户户主必须参加，若无男性户主则由女性代替。这一天下午，各家妇女必须到场折元宝。

聚餐前要到本村老爷庙祭拜，供品有象征整猪的猪头、猪尾和元宝、香烛、高升等。在菩萨面前行过口头大礼，敬过三杯酒后，才能回来吃晚餐。若是碰上灾年歉收，或是村中发生了灾害，做开印社时，还要请老爷出会。在村中巡游一遍，祓除鬼祟，并搭台唱戏，酬神祈福。

开印社当天的晚餐除了猪头、猪尾需留出，分给每家一份外，其余的都要吃干净。有的社还会请来说书先生到场助兴。

其他三社的规模、形式大体相似，只是时间顺序不同。黄梅社，有的社在开秧门这一天举行，有的社在关秧门这一天举行。汰脚社，在耘田三遍完成后举行，意为水田劳作已经结束。每年最后一次做社称为"封印社"，也叫"尾社"，这是一年中最后一次用印，故称"封印"。封了印意味着一年的辛苦劳作结束，大家可以好好休息，准备过年了。

吃讲聚（周向阳20世纪90年代摄于嘉善西塘）

　　社，除了祭祀的义务之外，也是当地村民自发组成的一种生产互助型组织。每个社都有社头、社尾和当家，由本社各户轮流担当，每做一次社就按社头、社尾、当家的顺序依次轮换。当家只提供场地，社头、社尾负责筹款和采办。通过这一习俗，一社中各户互通信息，若是哪一家在劳动力、资金、劳动工具、耕牛等方面有了困难，社头、社尾就会出面帮助协调。

　　此俗从20世纪60年代初便已不再实行，90年代初，在嘉善一些农村又开始兴起，但形式大大简化，不祭老爷庙，只讲吃聚。从这里，我们大致可以看到信仰民俗向生活民俗转化的一些轨迹。嘉善的吃讲聚在早期是与平湖一带的做社大致相仿的一种传统民俗，久而久之，信仰的内涵淡出，衍变成为一种生活习惯。

9. 茶馆店习俗

　　嘉兴饮茶习俗由来已久。旧时，各类茶馆店遍布城乡。民国三十七年（1948年）《嘉兴县经济概略》记载："乡区茶馆特多，日以茶馆消遣，农田劳作都由女子担

负。" 据统计，20世纪三四十年代，嘉兴县城内有茶馆店八十余家，全县城乡有茶店七百多家。俗话说："小小茶馆店，每壶七分钱。装着五湖四海水，关系三百六十行。"店内，茶客们边饮茶边交流信息、洽谈商务、介绍劳务、调解纠纷、候车等船、观花斗鸟，十分热闹。

嘉兴一带茶馆店一般前门靠街后门临河，挑水、洗涮十分方便。规模较大的茶馆店分上下两层，上层设雅座，下层面向大众，自成习惯。

茶馆店各具特色，三教九流各有去处。旧时中基路上的怡园茶馆被称为"米业茶馆"，吃茶的大部分是米行的老板或是米行的看货先生，他们边喝茶边探听商务行情、洽谈生意。中和街口（今建国路）的瓶山阁茶馆有"报界茶馆"之称。茶馆分内堂和外堂。内堂吃茶的主要是新闻记者，茶馆老板极力搜集街头巷尾发生的事

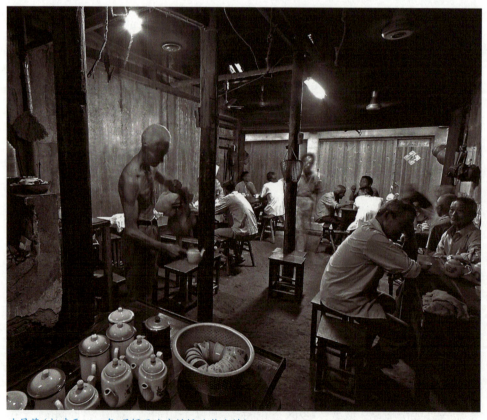

吃早茶（赵建平2006年7月摄于海宁斜桥路仲古镇）

件、纠纷，为新闻界人士提供采访线索。外堂吃茶的主要是从事营造业和竹木手工业的工人，找活、招工的也聚集此处洽谈。孩儿桥乐园茶馆喝茶的以养鸟者居多。原张家弄的寄园，吃茶的都是举人、秀才、律师、士绅等。原秀洲旅馆对门的阿奎茶馆老板常为需雇长工、牧童、临时工的主顾介绍。到了养蚕季节，有桑叶调剂的蚕农也来茶馆吃茶灵市面。茶馆老板随时提供桑叶数量、价格和去处等信息，并从中收取佣金。原塘湾街（今北京路）有一家聚宾楼茶馆，后门是苏嘉运河，河埠停靠许多航快船，乘客有时需要临时下船，招呼船老大等一下，船老大总是嘱咐一声"逃快点"（嘉兴方言）。久而久之，茶馆便被称为"逃得快茶馆"，而"聚宾楼"的名字逐渐被人遗忘了。

茶馆店为顾客冲茶的称"堂倌"，也称"茶博士"。堂倌冲茶讲究技巧，旧时茶馆店用紫铜茶壶，壶嘴细而长，冲茶时壶嘴距离茶壶较远，从壶嘴喷出一条长长的水柱注入茶壶，茶叶在壶内翻腾开来，热气蒸腾。然后拉近距离，壶嘴似点头般点三点，称为"凤凰三点头"，如此水不外溅为佳。泡茶一般分两次。第一次往放茶叶的壶里稍冲入一些水，把茶叶浸湿，称为"茶头"或"头开"。巡回各桌一遍后再回来泡第二遍，称"贰开"，这样的茶喝起来更加醇香。

茶客吃茶的茶具一般是一把紫砂壶和一只小茶盅。楼上雅座吃茶一般用白瓷加盖的茶杯，茶客吃茶时习惯用茶盖轻轻地把浮在上面的茶叶拨到一边，显得十分文雅。

茶分绿茶、红茶和红绿茶镶拼的镶红。红茶价廉，茶汁浓，冲泡的时间长，喝的人比较多。茶客吃茶也有规矩。茶壶口要对着自己，如果把壶口对着别人，意味着寻事挑衅。如果两把茶壶交叉放在一起，表示两人正在交谈或商量事情。茶客喝茶中途要离开一下，就把茶壶盖翻个身，表示还要回来继续喝茶。若是旁人帮忙倒茶，则要用手指叩桌表示感谢。

茶馆店内服务十分周到。各店都备有脸盆、毛巾，茶客进店，堂倌便递上热乎乎的毛巾，茶客可以自己动手盥洗。如茶客需要吃些点心、酒菜，或是叫人力车等，茶馆店也会帮忙联系操办。有的茶馆店还设有简易的浴室，提供理发、点心小吃等服务。

嘉兴农村有一种合作茶店，茶客需自备茶叶，热水由村民轮流备柴火烧，经济实惠，很受欢迎。

10. 吃早烧

海盐、海宁交界的通元、石泉、百步一带至今仍然沿袭着吃早烧的饮酒风俗，就是有人喜欢在早晨四五点钟吃烧酒。水网地带渔民最早有此俗，因其起早收网售鱼，饮酒以御寒祛湿。

吃早烧的大多是一些上了年纪的当地农民，他们每天清晨两三点钟就起床，粗粗洗漱完毕，四五点钟就陆续到镇上的酒肆里吃烧酒。这些酒肆往往比较简陋，单开间，店内设有曲尺形的柜台，几张狭长的小板台。靠街的一面摆着猪头肉、五香豆腐干、盐浸豆等下酒小菜。

吃早烧的农民一年三百六十五天，不论刮风下雨，从不间断。农民吃早烧的地点一般比较固定，很少串店，因此店主人对每个人的饮酒量和一些习惯都十分熟悉。大家喝得都不多，每次只喝一开，即老秤二两、新秤一点二五两，一般都喝烧酒，很少喝黄酒。掌柜的会用竹制的酒提子从瓮里取酒，再倒入酒壶或者酒盅里给客人。一开酒的价格并不高，旧时只卖一毛钱左右。

吃早烧的常常是两三人围着一张桌子坐，一边聊天，一边慢条斯理地吃酒。此时，酒肆也成了众人灵市面，传播消息、新闻的场所。早烧一般有两种吃法。一种叫"吃荤酒"，吃酒时就着猪头肉等荤菜下酒。澉浦一带渔民中盛行冬季吃羊肉早烧，温补祛湿、能御风寒。另一种叫"吃素酒"，只用糕饼、油条、爆片或者盐浸豆、豆腐干等下酒，价格不高，经济实惠。另外还有一些吃柜台酒的，他们行色匆匆，要一开烧酒，几大口喝完，扔下钱就走了。这些人往往倚着柜台吃酒，并不占座位。

11. 六戗屋

旧时，平湖等地农村民居多为砖木结构，四壁有砌在墙里的圆木柱子，上有肩梁、平穿、护檐、山头等，十分坚固耐用。这种房屋屋檐、屋脊六只角向上翘起，当地民众称为"六戗屋"。又因其四面落水，六角上翘，也有人把它叫作"四六戗"。这种形制尤以嘉善、平湖农村最为流行。

六戗屋十分牢固，据说有一年发生地震，别的屋子都倒了，唯有六戗屋不倒。从此以后，人们纷纷仿照这种样式建造房屋。

六戗屋建造时要先请阴阳先生看风水，选好宅基地。阴阳先生来看，一看风向，二看水。由于嘉善一带冬季多东北风，夏季多东南风，因此房屋大门要面向东南，冬暖夏凉。房屋要临水而建，靠近水道，交通运输比较方便。选好宅基地后，阴阳先生又会帮着定下上梁和建宅的黄道吉日。

六戗屋中横梁的多少称为"路头"。在正梁两侧各再放两根横梁，共计五根，就是五路头。常见的有五路头、七路头、九路头。横梁的多少决定着房屋的进深。宽度则以开间计算，一般都为三开间或者五开间。

六戗屋的样式不少，还有生动的俗名，比如一埭两龙腰、前后埭两龙腰、三埭头屋、东西抱娘屋、上南屋、硬山头、赤脚清三间、馒头顶等。

一埭两龙腰指的是一幢三开间六戗屋，两侧向后接出两间，屋后砌一道墙，围成一个天井。若是两侧向前围拢，前面砌墙，中间开一扇门，就是前龙腰了。

前后埭两龙腰就是一前一后两幢六戗屋，前面一幢两侧向后伸，后边一幢两侧

九路头六戗屋（张玉观1982年摄于平湖钟埭）

向前伸,前后围起一个天井,前埭后壁大多有个仪门。

三埭头屋有三幢六忝屋,两侧以厢房连接,有两个天井、两个仪门。第三幢造两层,称为"走马堂楼",楼下为花厅,楼上有走廊。

所谓"东西抱娘屋",就是以一幢六忝屋为中心,在东、西两侧各建一座硬山顶的横屋,距离正屋三四米,其间用过路连接。若是只在正屋西面建一座硬山头,与正屋呈弯龙样式,则称为"上南屋"。硬山头也是六忝屋的一种式样,又叫"两落水",就是每间屋子都有正梁,屋顶做屋脊,两头做成荷叶状。

若是一座六忝屋或者硬山头,屋子周围没有别的建筑了,就叫作"赤脚清三间"。若是屋顶没有翘起的六个角,形如馒头一般,就叫作"馒头顶"。

12. 上梁习俗

旧时嘉兴一带水乡农村建房上梁的风俗很有特色。所谓"上梁"就是上正梁,俗信以为,动土建房要择日,上梁也要选好良辰吉日。

上梁这一天,亲朋好友都会带礼品前来庆贺,还有泥水匠、木匠,十分热闹。主人家要在正厅设方桌,供上杀净的雄鸡和掼梁元宝等供品。鸡嘴里衔着整根的葱、韭、蒜,尾巴上要留几根长鸡毛。还要准备一个米斗,里面装上米、麦、银角子,交给上梁的泥水匠、木匠。

上梁仪式开始时,要放鞭炮,泥水匠、木匠的两个当头(作头)师傅从两旁攀梯子步步登高,边走边唱上梁歌:"脚踏云梯步步高,新造高厅接云霄。上梯一步高一步,下梯步步后来高。小姐要上绣花楼,官官要上读书厅。读得书来识得字,三鼎甲里中头名。"

上到屋顶时,又唱:"南山顶上一枝松,摇头摆尾像金龙。问伊为啥身不动,上头还缺掼梁红。"

唱到这里,就要把一块红布或者红纸挂在大梁正中,围着梁木一圈一圈绕起来，以示吉庆。唱完了上面，再唱下面的供品："一只雄鸡喔喔啼，里面骨头外面皮。前头衔着葱韭蒜，后头扯起顺风旗。"

上梁歌的内容并没有规定，有传统的模式，但很多时候泥水匠、木匠会根据现场情况即兴编排，总的来说都要讨彩头、示吉庆。

接财宝（姚文杰2009年1月摄于海宁斜桥路仲古镇）

上梁糕（赵建平2006年3月摄于海宁斜桥路仲古镇）

待搁在屋顶上的正梁落榫时，泥水匠、木匠就把主人家事先准备好的米、麦、银角子撒下来，主人家夫妻扯一张被面在下面接着，俗称"接财宝"。装米、麦等物的米斗叫作"金斗"。泥水匠、木匠边撒边唱："对面夫妻笑嘻嘻，手挽绫罗四角被。为根本种好田地，做生意一本万利。"

接财宝后，要把供桌上的上梁元宝和果品四处抛送，俗称"掼元宝"。这是上梁仪式最热闹的时刻了，孩子们往往抢得最欢。此时，泥水匠、木匠又唱道："一只糕来两头翘，两头翘来像元宝。今朝当家财星照，团团四周掼元宝。"

上梁元宝就是米粉制成的元宝形年糕，几块年糕黏合在一起，叠成塔形，就叫作"上梁元宝"了。塔形顶端捏成龙、凤、麒麟等吉祥图案，色彩鲜明，栩栩如生。制作上梁元宝是用来供奉鲁班祖师爷的，后来制作得越来越精细。制作元宝的过程称为"粉作"，由专人制作。普通的就是一些着色元宝，工艺高的，可以做成龙凤呈祥、麒麟送子、骏马奔腾等不同的造型，不仅美观，而且寓意吉祥。

20世纪50年代以后，唱上梁歌的习俗逐渐消失，人们往往以抛撒糖果的形式代替掼元宝，依旧十分热闹。

13. 开水门与航船习俗

嘉兴为水网地区，历来有以舟代车的习俗。由浙江余姚河姆渡文化遗址发掘出来的独木舟桨可知，早在七千年以前，我们的祖先已经在使用舟船了。

旧时，嘉兴常用的交通运输船有快板船、航船、栈头船、脚划船、赤膊船、渡船等。过去的各类航运船只，一般都在县境内行驶，功能各有不同。栈头船一般用于游览、娱乐，或者镇上人租来下乡上坟。脚划船往往用于郎中下乡出诊或探亲访友。渡船则为无船渡口摆渡所用。赤膊船大多为敞舱无篷的农船，农家常用来捻泥、买叶或出外扒垃圾，有时也用来载人去赶庙会。

行船也有不少习俗。在桐乡同福、海盐等地，农民摇着赤膊船出门做客或载货, 有开水门的习俗。所谓"开水门", 就是在农船起航之前, 首先要用竹篙梢头在船头前的水面上拍打三下, 然后才可起橹。据说, 开过水门之后, 船出去就会一路顺风, 平安无事。

过去航船的用途最为广泛。在公路尚未开通之前, 它是县内偏远乡村与城镇沟通的主要交通工具。此船不大, 两三丈长, 两三尺宽。头舱铺板, 上下均可装货。中舱上有顶篷, 里面宽敞, 两边搭有坐板, 可以坐人。后舱搭有高篷, 船主摇橹行船, 全靠它遮阳挡雨。航船跟快板船一样, 也有固定的航线和班次。那些偏远乡村的人们, 有乘航船出市的习惯。早晨一听到"当当"的小锣声或"嘟嘟"的海螺声, 便知航船要起航了。一些想出市的男男女女, 便纷纷赶到固定地点搭航船。乘航船需当场付钱, 也有年终折算成粮食的。不管乘客有多少, 上得去、坐得下就行, 俗称"尖屁股乘航船"。航船摇到集镇茶馆附近, 老地方一靠, 乘客上岸, 各奔东西。有的上茶馆, 有的进店堂, 有的赶来赶去轧闹猛。轧到中午, 一碗鲜肉馄饨或肉丝面下肚, 下午带着一脸的满足再乘原来的航船回村, 这就是"桃源时代"农民的休闲方式。航船既载客也装货, 有时还代客购货。

不管是坐航船还是坐其他船, 乘船也有不少习俗。如男人不可站在船头上小便, 女人上船不能从篙子或船橹上跨越。在船上不可提"沉"或"翻"等不祥之词。为此, "盛饭"要改叫"添食", 因为"盛饭"跟"沉翻"谐音。新中国成立后, 随着交通事业的发展, 逐渐从通轮船到通汽车, 各地的航船也就慢慢地消失了。

14. 拜桥神

旧时, 嘉兴地区造桥要拜桥神、请祖师。当石桥造到结顶合龙的时候, 石匠师傅要备上三牲、果品, 拜请石匠祖师张班。必须在请过祖师之后, 才可上最后一块龙门石。桥建成之后, 桥四周村上的老太太, 要聚集到新建成的桥上, 点烛插香, 祭拜桥神, 边拜边唱《拜桥歌》: "拜金桥, 拜银桥, 拜得桥神土地眯眯笑。金桥银桥都拜到, 免出西方奈何桥。"据说, 拜过桥神之后, 通过此桥的人就能平安吉祥。

"修桥铺路, 胜造七级浮屠。"古人一直将捐款修桥视为行善积德的慈善举动, 非常乐意去做, 这已成为一种传统习俗。桐乡县城北面皂林村附近, 原有两座

横跨运河的大型石拱桥便民桥和青云桥。据传，这是一对双胞胎姐妹捐款建造起来的。本来皂林这里是没有桥的，运河南面和北面的人员往来，靠渡船摆渡。因为河宽水急，常有人在渡河时失足落水身亡。双胞胎姐妹的爹妈就是在渡河时被激流吞噬的。为此，她俩立志要在渡口建造一座石桥。于是姐妹二人种棉、纺线，织成布去卖，这样来积攒造桥的钱。她们从十六岁开始，天天忙，月月忙，年年忙，一直忙到六十岁，才攒够了能造一座桥的钱。在她们这一善举的感召下，方圆几十里的人们纷纷慷慨解囊，捐款献石，后来竟然积攒到能造两座桥的钱和石料，结果就造起两座大型石拱桥。人们为了纪念善良的双胞胎姐妹，就将这两座石拱桥取名为"姐妹双桥"。这两座石拱桥因年久失修，塌损严重，为了安全，已于1997年拆除。后来在原址附近新建了一座大型公路桥。虽然只重建了一座桥，但人们仍习惯地将它称作"姐妹双桥"。

15. 拢邻居

俗话说远亲不如近邻，嘉兴农村遇上婚丧之事、造房上梁等，邻里之间互帮互助，逐渐形成了拢邻居的习俗。

家中办喜事，除了亲朋好友之外，还要请村坊上的邻居来喝喜酒，热闹一番。拢邻居有不少讲究。若是自家子女摆喜酒时邻居已经喝过了，那么邻居家摆酒，无论是否邀请，也得送人情礼，否则就是"赖人情"。若是自家摆喜酒，没邀请邻居，这次邻居家摆酒，就得等对方来邀请才可上门送人情礼。办喜事家的主人往往在办喜事的前一天黄昏上门邀请，俗称"邀吃酒"。邀吃酒时，若说"大家来"，则表示邀请邻居全家吃喜酒；若指名道姓，则表示只邀请一个人。若是上门来只说"请某某明天去帮忙"，俗称"叫相帮"，那么去喝酒是不必送人情礼的。遇到这种情况，一般一家只去一个人，喝一顿正酒。

村上有人死了，要吃素饭，俗称"吃豆腐饭"，时间往往在出丧的前一天。如果死去的是德高望重的老者，全村家家户户都要去。本族小辈不请也会奔丧送人情礼。旧时，一般送一刀黄纸和六尺白棉布，俗称"相布"。如今，普遍送现金或者被面。现金不论多少，必须成单，不能成双。若死者年纪较轻或者是小辈，则视各家实际情况决定是否拢邻居。村中邻居先由一家上门试送，如果受礼了，别家就跟着送人情礼；如果不收，邻居就不必再送了。邻居吃素饭，往往也会帮一把手。

遇上造新屋也要拢邻居。本家在拆旧屋或是新宅选基的第一天，邀请本村各家来人帮忙。到新屋落成快摆上梁酒时，作为邻居会先送人情礼。本家接受了人情礼，就会在摆上梁酒前一天的傍晚，挨家挨户邀吃酒。若是本家不打算收人情礼，便安排一家一人叫相帮。凡是拆旧屋、选基的第一天就参加者，摆上梁酒时必得请到，否则算失礼。

16. 合会

旧时，嘉兴一带民间，一时急于用钱者邀集亲友集资而为会，称为"合会"，也叫"兜会"或者"纠会"。合会的发起者是会头，也叫"会首"。被邀参会者称为"会脚"，会脚的多少由会头决定，一般一会十人。

收取会款的方法有三种。第一种是摇会。除了会首以外，其余会脚进款的顺序，用抽签或者掷骰子确定，每月或每年抽签一次，中者进款。合会往往为解决某人一时急用而发起，第一笔进款便自然归他，而不必抽签。每位会脚的会款数目相同。会头负责邀会，置办会酒。会脚参会吃酒时付款，会头不付利息。其余会脚在进会的第二个月起须付利息。亲朋之间一般不付利息。第二种是坐会。坐会收付款的方式、利息的多少与邀会大体相同，只是进款的顺序，多视会脚的经济情况协商而定。第三种是单倒会，即某人因家中出现经济困难，发起合会，众人自愿入会，出钱供会头家应急之用，利息全免。单倒会纯属自助，也称"帮头会"。三种方式，都必须公举一人主事，一般由会头担当。入会者大多是亲朋邻舍，只需写一张入会的凭据即可。

合会是民间自发组织的经济借贷形式，入会者大多守信用，很少发生纠纷。

17. 水龙会

水龙会通常在每年农历五月二十龙王菩萨生日举行，由来已久，流传广泛，近

海宁水龙会（张庆中2009年6月摄于海宁硖石）

现代则主要是消防水龙的演习和竞技。嘉兴一带的水龙会不仅仅是民间义务消防组织的一次聚会,也常常跟传统庙会相结合,蕴含着当地民众祈祷丰年,追求平安幸福的美好心愿。

水龙会一般都在集镇上最大的广场或龙王庙前离水源最近的地方举行。以桐乡濮院镇为例,水龙会就选在镇上最大的寺庙香海寺前的广场举行。水龙会举行前数日,广场上就搭起了赛龙台。赛龙台高数十米,呈正方形,台四周由低到高插满五

色彩旗，正中央最高处有一个银白色的圆球。

演龙和赛龙是水龙会最重要的内容。所谓的龙，其实就是老式的消防水龙，由一个长圆形木桶、导管和龙头三部分组成。木桶高约二米，直径一米，内部有水箱、杠杆、活塞、龙头等部件。使用时，从外部往木桶里加水，利用杠杆原理，把水压入水箱，形成一定的水压，再通过导管由龙头喷出。一条水龙配有掌管喷头的正龙头，管导管的软龙头，压杠杆的龙身，专门负责挑水的龙脚，有二十多个精壮汉子。大家配合得当，水龙的水一般能射到二十多米远、十多米高的地方。

水龙在很长一段时期内是当地的民间消防工具，旧时一般一条街配一二条水龙，大户人家都有自家的水龙。这是一种公益性事业，不发工资，参与者都以保护地方安全免受火灾危害为己任，各司其职。一旦发生火灾，锣声报警，凡是加入水龙会的人都要迅速投入灭火。如果有人临阵退缩，就会遭到大家的耻笑。加入水龙会的不但要有强健的体魄，还要有奉献精神和过人的胆识，因此旧时镇上的小伙子都以入会为荣。

到了赛龙的那天，每条龙都装扮得十分漂亮，在鼓乐和彩旗的簇拥下，排成长蛇形，经过镇上主要街道到达比赛场地。比赛前，所有的水龙呈圆形围住赛龙台，当司仪挥动令旗，宣布比赛开始时，人人都拿出看家本领。十多条水柱射向空中，直射赛台正中的银色圆球。圆球被水柱击中后，滴溜溜地转起来，引得人们阵阵叫好。

到了正午，各条水龙重新上阵，互相对射，水柱在空中撞击，水花纷纷扬扬地洒向整个广场。当地俗信认为，"龙水"会带来好运，人们纷纷涌入场中，享受"龙水"。农户身上沾了"龙水"，来年风调雨顺、五谷丰登；蚕农沾上"龙水"，就能养出"龙蚕"；商户沾了"龙水"，是"进水"的好兆头；姑娘小伙子沾了，就能找到心上人。

赛龙结束后，还要举行朝拜龙王、谢龙王等仪式。有的地方还请戏班子表演，称为"待龙戏"。

水龙会作为群众自发组织的公益性活动，在嘉兴一带长盛不衰。直到现代，在地方政府、消防组织的倡导下，每年5月20日仍举办水龙会，只是水龙已改为现代消防设备了。

18. 会馆习俗

会馆是旧时民间社团的一种组织形式，有同乡型和行业型两类，或者兼而有之。清末民初，嘉兴商业繁华，万商云集，同乡、同行之间为了交流信息，联络感情，纷纷成立会馆，也称"公所"。会馆设有董事数人，规模较大的由董事长主持事务。

当时，仅海宁一带规模比较大的会馆就有宁波会馆、徽州会馆、绍兴会馆、金华会馆等，这些会馆多由当地的外乡人发起、组成。

宁波会馆原名"四明公所"，由宁波籍同乡捐资建成。馆址在硖石长埭路太平弄东侧。宁波商人在硖石多经营药材行，有"万源"、"广生"、"久大"、"吴采芝"等。另有天生堂、长生堂两家药店专营零售配方。会馆内有药王殿，供关帝和神农氏。每年农历四月廿八药王生日和五月十三关帝诞辰，都要举行庆祝活动。除此之外，会馆也有公设药业商价、规范行业的作用。各药店、药材行都要遵守公设价，如发现有药店随意抬价，以次充好，会馆就召集各药店负责人商议惩罚。

徽州会馆又名"新安会馆"，馆址在工人路太平弄口西侧，会馆中供关帝像。徽州商人多从事典当业，开茶叶行、漆店、烧酒店等。每年关帝诞辰，徽州会馆举行庆典，桐乡、王店、海盐、斜桥等地同乡也来祭拜。

绍兴会馆位于卜家埭，清光绪年间由在海宁的染坊、铜匠店、快班船的绍兴人集资建成。会馆内供关帝，关帝诞辰也举办庆典。

金华会馆在硖石东山北麓，有金华籍木匠、泥水匠、篾竹匠、弹絮匠集资建造。会馆供蜈蚣菩萨，每年农历七月十三举行祭典。

这些会馆都有一定的工作人员办理日常事务，主要作用有：一、按期举行同乡会，联络感情；二、平日为来嘉兴的同乡安排食宿，介绍工作，解决困难；三、举办慈善事业，同乡客死异乡则代为安葬，有的还兼顾殡葬停柩。如上述几家会馆内均有停柩所，以集中按各地风俗运回故乡安葬。有的会所还协助政府捐资助学，补助同

乡、同行贫困子弟求学；四、逢时过节，会馆也有团拜联欢活动，如除夕团圆饭、元宵灯会等。

如今，这些会馆已然成了历史遗迹，但类似会馆联络感情、交流信息的同乡会、同学会、联谊会等在地区经济、文化建设中都起到一定的促进作用。

肆

人生礼仪习俗

人生礼仪习俗

嘉 兴 民 俗

人生礼仪习俗是在人一生几个重要环节所进行的具有一定仪式特征的民俗活动,包括诞生、成年寿诞、婚丧嫁娶等。人生礼仪习俗活动代表了在个体生命的不同阶段,家庭、宗族、社会对个人社会地位的规定、角色的认同以及遵循文化规范塑造人格内涵的要求。人生礼仪习俗是个体社会化的重要标志。人生礼仪习俗的规范和内容不仅与个体不同的生理变化有关,还受到所在地域物质、精神生活的影响,因而具有浓郁的地域特色。

I. 妊娠与诞生礼俗

婴儿的诞生意味着新的生命开始和家族血脉的延续,历来受到重视。从胎儿开始,直至出生、满月、周岁,在每个阶段都有一定的仪式,遵循一定的礼节,世代相传,绵延不绝。

(1) 拿糖篮与催生

嘉兴一带,产妇生产后,亲眷们都会送上滋补品以示庆贺,俗称"拿糖篮"或"拿汤篮"。旧时,糖篮里主要是糖和蛋,所以又叫作"拿糖蛋"。

产妇娘家拿糖篮颇有一番讲究。产妇生产前四五天,娘家要先送一个催生糖篮。一般要放三四升炒米、二三十个鸡蛋、两包红糖。另外还要准备一个包裹,里边有一身毛衫、一叠新尿布。有的娘家性急点,催生糖篮要送两次。

催生糖篮送出以后,娘家马上就着手准备正式糖篮,等待女婿家上门报生。婴儿一落地,外婆家是第一个拿糖篮的,其他亲眷朋友都在三朝那天送去。

20世纪80年代以前,农村拿糖篮比较简单,一般是一包炒米、十几个鸡蛋、一斤胡桃、两斤红糖,篮面上放两条云片糕。其中一条糕是给产妇的婆婆吃的,叫作"贤惠糕"。如今,糖篮也与时俱进,除了传统的糖、蛋之外,还有桂圆、荔枝、奶粉、滋补品等,琳琅满目。也有以送礼金来替代拿糖篮的。

（2）报生

婴儿一出世就要到外婆家报生。在平湖一带，若是生了男孩儿，要捉一只大公鸡去，并在鸡脚上绑上一根红线。外婆家见了公鸡，就知道得了一个外孙，于是用一根蓝线换下红线。在当地方言中，"蓝"与"拦"谐音，绑上蓝线，就是"拦牢"的意思，希望孩子能够顺利成长。同时，外婆家还会回赠一包鸡食，"鸡食"与"继承"谐音，寓意男孩子传宗接代。若是生了一个女孩儿，报生的人就会带上一块四五斤重的猪肋条肉。外婆家若是收了肉，在孩子出生第三天做三朝时会回赠一块肉，若是没收肉，就在肉上绑一条蓝线，作为"三朝"敬神的供品。

嘉兴民间，婴儿出生有分红蛋的习俗。红蛋又称"喜蛋"，先将鸡蛋煮熟，再用胭脂红化成的水涂在蛋壳外。凡是有亲戚朋友、左邻右舍登门道贺，都要分给大家吃，以此象征阖家团圆、人丁兴旺。除了分红蛋，主人家还要送红蛋。生了女孩儿，一般都在婴儿出生的第八天给亲朋好友送红蛋。"八"是"发"的谐音，寓意主人家能发财。若是生了儿子，就在第十二天送红蛋。"十二"代表一轮，是大吉大利、香火不断的吉兆。

亲友登门贺喜，还要讲些吉利话，讨个口彩。见主人家生了一胎，要说"恭喜恭喜，一品当朝"。生了双胞胎，要说"双喜临门，福寿双全"。若是生三胎，就说"连中三元，定出贵人"。

（3）做三朝

孩子出生第三天，家里要举行庆祝仪式，敬神、摆酒，称为"做三朝"，也叫"汤饼会"。做三朝这一天，外婆家一般要割肉、买面条、做汤饼，还要准备五样东西：一件蓝布小衬衫、一件蓝里子小棉袄、一条蓝里子抱被、一篮红鸡蛋和八块新尿布。其他亲友也会送些核桃、桂圆、荔枝等补品。这一天，主人家要准备红糖核桃肉甜茶来招待上门的宾客。

三朝要敬的神叫"天生婆婆"，当地俗信认为生产养育孩童都归她管。祭祀仪式在孩子的床头举行。敬神之前，要给孩子洗澡。洗澡水十分讲究，首先必须是煮沸的，据说这样孩子日后会"勤笑"；水里要放上银器，给孩子带来"人气"；为了避免孩子日后得"钥匙风"（即破伤风），还要在水里加一把钥匙。洗完澡后，孩子要穿上外婆家带来的三件新衣服，用上新尿布。穿过的衣服则要洗净，用衣架晾在竹竿上，据说这样孩子日后穿衣服有样子。尿布则要晾得低一点儿，为了日后免受罪。

敬神仪式开始时，桌上要摆一杯酒、一盅饭、一块肉、两个红鸡蛋，还有两把盛满水的茶壶，壶盖打开，插上些筷子，祈求母亲奶水充足，孩子长得快。然后再点上些香烛，备些纸元宝。敬神时，家长抱着孩子，一边拜神一边念词，如"天生婆婆教好，伢小囡囡尿头长点，困好点，一夜到天亮"，"天生婆婆多放点粮（奶水）来，让伢囡囡大快点"等。拜罢，要让小孩在房门角上撒一次尿，孩子一边尿，家长一边唱："抖抖尿头长，一夜到天亮。"据说这样是为了让孩子养成习惯，今后不会随地大小便。然后，喂孩子吃一口糖饭，希望他一生甜蜜。最后，家长要把元宝烧了，算是给天生婆婆的香火钱。旧时，敬神的饭是由接生婆做的，若是村子里有不能生育的夫妻，往往会讨了饭去吃，据说这样就能怀孕了。

产妇未满三朝不能出房门，俗称"孵窝"，三朝这一天要到外屋吃饭，俗称"出窝"，又叫"浪三朝"。

（4）办满月酒

满月是孩子养育过程中一个喜庆的时刻，民间习俗要摆满月酒。满月这一天，本家会置办下酒席，亲朋好友纷纷到家祝贺，送些孩子穿戴的鞋帽衣物，还有粽子、搓糕等食品。朋友包红包，若是男孩，红包封袋上写"弄璋之喜"；若是女孩，则写"弄瓦之喜"。

这时，孩子要剃满月头。嘉兴新篁一带有剃满月头做头发圆的习俗。孩子剃头前，他的母亲（或外祖母、祖母）用手蘸绿茶水涂抹孩子的额头、发际，口中念念有词："茶叶清白，囡囡头发清白。"剃发完毕后，由母亲（或外祖母、祖母）将胎发和猫、狗的毛混合起来，喷上绿茶水，撮成一个毛球。再用一根大红色绢线依次穿上一颗桂圆、发球和一颗红枣，头发圆就做成了。头发圆一般挂在父母床头，可以压邪，保佑孩子像猫狗一样贱生易养，而且聪明伶俐。

平湖一带，孩子剃满月头，必须选在"水日"，忌"干"。"水"在当地被视为发财，"干"就是没钱的意思。

在嘉兴其他一些地方，满月的孩子要由小舅舅抱着剃头、剪指甲。剃落的头发和指甲要沉入清水中或者压在葱根下，预示孩子以后青丝满头，指若白葱。

剃满月头（郁建明2009年2月摄于海宁斜桥）

　　满月酒的宴席上，主人要摆上一大碗糯米粉圆子，糖放得特别多。宴席上宾客吃时须称赞："甜来，甜来！""圆来，圆来！"席罢，主人要请人把糯米粉圆子分给左邻右舍，并作为回礼馈赠给前来道贺的宾客。

　　若是三朝来不及做，便三朝、满月一起做。

（5）抓周

　　海宁俗语："三风光，两勿见。""三风光"指周岁、结婚、殡殓三件大事要办得风风光光。周岁是孩子的第一个生日，嘉兴民间对此十分讲究，一般都要办得热热闹闹。

　　平湖一带称做周岁为"做闹周"。按照当地习俗，凡是参加过做三朝的宾朋无须邀请，到了周岁这一天自然会带着礼物前来道贺、做闹周。这一天，外婆家往往要准备不少东西，其中最重要的是小鞋。当地俗语："满月帽子周岁鞋。"对于快要学走路的孩子来说，一双小鞋寄予着家人美好的祝愿。衣服、寿面、百家锁、脚镯等也是常见的礼品。除此之外，外婆家还要准备坐基塌饼。坐基塌饼用糯米粉做成，大小如同脚炉盖，寓意孩子将来基业大，坐着吃也吃不完。现在，也有用生日蛋糕来代

人生礼仪习俗

嘉 兴 民 俗

替的。

　　旧时做闹周，一般中午吃闹周酒，下午就是敬神抓周仪式。佛台一般设在前堂屋的中央，供桌中间摆着外婆家带来的坐基塌饼，并有三盅茶水（佛茶）；外婆家带来的鞋、衣物等一应物件也都摆上供桌；饼的前后左右有算盘、毛笔、书、葱、蒜、钱币、状元糕、鞭炮等物。仪式开始，点上香烛，孩子由母亲抱着上香叩头，然后进行抓周。母亲让孩子坐在供桌中央，任由其抓取桌上物件，以预测前程。若是孩子抓了书或者笔，预示孩子将来是个读书人，跻身仕途；若是抓了算盘，那么将来会走上经商之路；抓钱能发财；抓蒜有心机。各种物件都有说法，十分有趣。抓周完毕后，孩子要换上外婆家带来的新衣服，戴上百家锁等，接受长辈和众亲友的祝贺，并由父母代言还礼。

抓周（周向阳2006年7月摄于嘉善西塘）

这一天，本家还会做一些闹周塌饼赠送给邻里亲朋。闹周塌饼大小如同月饼，一般用豆沙或者芝麻做馅，外面裹上糯米粉，用印糕板压上花纹，放入蒸笼蒸熟便可。闹周塌饼又叫"哪吒塌饼"，据当地老人回忆，闹周塌饼是哪吒周岁的时候玩烂泥时做出来的。后来人们希望孩子像哪吒一样聪明强壮，就纷纷效法，留下了闹周塌饼的习俗。

2. 成年礼与寿诞礼

从婴儿出生到长大成人，在各个年龄阶段都会有些特殊的时刻，嘉兴民间俗信认为其中不少关乎人生福祸，因此格外重视，并形成了一整套礼俗制度，或帮助民众趋吉避祸、顺利成长，或庆贺寿辰、祝福长寿。其中如做七子、过韩信关以及寿诞礼颇有地方特色。

（1）做七子

七岁，正是孩子上学的年龄，标志着新的人生阶段的开始，对孩子来说意义重大，民间对孩子入学颇为重视。嘉兴市郊农村盛行替孩子做七子的风俗，即在孩子七岁生日那天，邀请祖父母、外祖父母以及叔舅姑婆等长辈齐来祝贺，祝愿孩子学业有成、健康成长。

"七子"就是七样带"子"的东西，有吃的、穿的、用的，比如荔枝（子）、鞋子、裤子、袜子等。具体物品，凭各家情况、个人喜好各式各样，多有不同，但一串鞭炮是必不可少的。

做七子那天，舅舅（或姑父）一早就带上七样东西到外甥（内侄）家。一进门，就要燃起鞭炮，随后才把"七子"一样一样放到桌上。每掏出一样东西，都要说一句吉利话。比如拿出一双鞋子，要说："这双鞋子，愿乖囝穿上，一步一脚走正路。"拿出荔枝，又对孩子说："这荔枝，乖囝吃了，甜甜蜜蜜过日子。"吉利话多是即兴随口说出，因人而异，包含着长辈对孩童殷切的希望与美好的祝愿。舅舅或姑父说完吉利话，孩子收下"七子"谢过之后，又要放一阵鞭炮。随后，道贺的长辈们在孩子家中吃午饭，并再次叮嘱孩子好好学习。

这种风俗不仅流传于嘉兴市郊，在平湖、海盐农村也广为流行。

（2）过韩信关

嘉兴民间有男子"二十九岁韩信关、三十三岁乱刀斩"的习俗，即男子到了这两个年龄，都要举行一些特殊的仪式，以期逢凶化吉。

所谓"过韩信关"，就是男子在二十九岁时，要在他生日时或者该年年初二于家中举行一个斋星官仪式，免灾除晦。是日一大早，主家便设案点烛，上置寿桃、糕点、鱼肉、水果等物，案正中放一张红纸，上书"玉皇元君"四个字，称为"星官码子"。蜡烛点燃后，家中男子均要祭拜一番，然后鸣放炮仗。仪式结束后，寿桃、糕点、水果等物要分送亲友和全村人家，东西是要成双的，以示吉利。二十九岁的男子在农村一般都已结婚，所以这些物品通常由岳父家置办，并一早送来，而主家则需要在这一天宴请岳父全家和至亲。倘若尚未结婚，只能由自家简单做一些寿桃，分送一下邻居，并不需要大请大拜。办过斋星官仪式，意味着已过韩信关，一生平安。

这个风俗的来历与韩信有关。桐乡民间传说，汉齐王韩信在二十九岁时，被刘邦的妻子吕后设计害死，因此二十九岁被视为一个凶险的人生关口，叫作"韩信关"。需要祭拜祖先，求得保佑。同时，也提醒年轻人，即将步入"三十而立"的中年，希望他们做好充足的准备，承担起日益加重的家庭和事业的责任。

对于男子来说，三十三岁也是一个凶险的关口。嘉兴当地有俗语说："三十三，乱刀斩。"为了突破这道难关，三十三岁生日时，男子的母亲都要把一条长凳跨着门槛摆好，长凳上放一块砧板，切三十三块猪肉煮熟，再煮三个鸡蛋，让三十三岁的儿子都吃光。据说这样就能化险为夷，顺利渡过凶险了。

这种习俗流传至今，只是其中迷信、祭祀的色彩淡化了，形式也比较简单，较为普遍的是吃长寿面。

（3）寿诞

寿诞，也就是做寿，是为上了年纪的人做生日。嘉兴一带老人有六十岁、七十岁、八十岁做大寿的习俗。

老人寿诞这一天，家人都会邀请亲朋好友前来祝寿。亲友们也会带上寿桃、寿面、寿幛、寿联等礼物，比较讲究的人家还在家中设寿堂。寿堂正中挂福禄寿三星

海宁市领导为百岁老人章克标先生祝寿（方炳华摄于1998年2月）

图，两边有寿联。三星图前是供桌，上摆寿桃、寿糕、水果等供品，并有一对寿烛。做寿时，点燃寿烛，斋三星神像。寿公、寿婆衣着整齐，面南而坐，接受家人及亲朋的祝贺。

六十六岁对老人来说是一道坎，俗话说："六十六，棺材里厢落。"父母六十六岁时，所有的女儿都要送上一碗红烧肉，并把它划成六十六块，也有简化成六大块和六小块的。若没有女儿，就由外甥女或者过房女儿代替烧肉。肉要烧得生硬些，以此祝贺父母身体硬朗，健康长寿。据说这样就可以闯过"六十六，阎王老子叫你吃肉"的人生凶关了。此俗流传至今。

旧时还有儿女为病重父母做寿冲喜的习俗，现已不存。

3. 婚礼

结婚是人生旅途中的一件大事，于是围绕着结婚要举行一系列仪式，久而成俗，世代相传。嘉兴地区的婚俗包括做媒、迎亲、成亲、洞房、回门等内容。

民国时期的订婚照（王大鸣／摄影）

（1）媒俗

传统婚礼遵循"父母之命，媒妁之言"的俗规，媒人在其中的作用相当大。旧时在嘉兴农村一带，做媒需经过合八字、话亲、着日子、对亲、准日和好日等六道程序。

合八字是说媒的第一步，男女双方媒人须拿了两边的生辰八字，请算命先生测一测是否相合。合则可配，不合则散。若是八字相合，接下来男方就会托媒人带上一只小篮，里面装上四五斤鲜肉，包好二十元钱，带到女方家提亲，也称为"话亲"。婚事一经提起，男方就要"着日子"，即确定与女方见面对亲的日子。这时，男方还须摆上"小礼"由媒人带给女方，一般是四件：一块腿肉、一只鸡、一尾鱼和百余元的红包。对亲是男女双方正式见面，十分重要。双方都需摆上酒宴，并请舅舅、姑父等至亲好友到场见证。女方开出条件，男方准备"大礼"，内有数百至数千元钱不等，给女方购买嫁妆。媒人在其中往来撮合，帮助双方尽快达成一致。准日是婚前最后一道程序，这一天，双方在媒人的见证下最后一次确定婚礼的黄道吉日，商讨嫁妆、聘金以及所有相关的问题。举行婚礼的那一天，就是好日了。婚礼前一夜，男方须准备一条鱼、一块肉、一个红包到媒人家启媒，邀请媒人第二日到家吃早饭。结婚当日，媒人最为忙碌，许多重大事情都要媒人来决定。

婚礼完毕后的第二天，男方还须谢媒，通常是准备一包喜钱、一壶米酒和一只红烧蹄髈。与此同时，女方家也要给媒人一些礼钱，表示感谢。

旧时，媒人往往能从中获得不少好处，民间有"狗馋痨舔油瓶，婆馋痨做媒人"、"乱说媒人十八顿"等俚语。新中国成立后，此俗已经大大简化，只是如今，嘉兴民间重礼金、厚嫁妆之风仍盛。

（2）结婚仪式

迎亲。

结婚这一天，男家称"好日"，女家叫"嫁姑娘"，双方都会邀请亲朋好友，摆酒设宴，好不热闹。在正式结婚仪式中，迎亲、送嫁妆、拜堂、吃喜酒、吃花烛、望花烛诸环节缺一不可，一招一式均有定式，讨的就是吉祥如意、甜甜美美的好彩头。

旧时结婚娶亲，除了路途较远的用船接外，一般男家都会抬着花轿前去迎亲。海盐地区是不管路程远近，都要用船和花轿迎亲。抬花轿的必须是父母双全的小伙

送嫁妆（张庆中2010年1月摄于海宁硖石）

子，一般四人抬，四人扶轿。花轿顶的四角要挂八个小灯笼，前面还有两盏掮叉灯。为了防止晚归走夜路，迎亲的人还要准备一些蛋壳灯。

迎亲的队伍一到新娘家门口，旧时双方都要放对铳，后来改为放高升炮仗。此时，新娘家必定让两个孩子关闭大门，叫作"关门之宝"。此时有一位掌包先生负责发红包、喜糖，叫开大门。叫开正门后，掌包先生便响响亮亮地唱起《迎亲歌》："两面水草绿汪汪，一只亲船摇进浜。场前高升放起来，大锣小锣响噔噔！"这时男家也放两声鞭炮，以示庆贺。掌包先生接着唱道："红轿子，绿苏头，咪哩吗啦走前头；台子排起两埭头，蠡灯靠在屋檐头。"

进屋后，掌包先生又会招呼娶亲的人将一篮篮鱼肉、糕点等彩礼放在堂屋的八仙桌上，正当中是一只朱红色的双层方罩篮，底层放肋条肉，上层摆一条红鲤鱼，再贴着一张方形红纸，这就是嘉兴一带颇为盛行的送肚皮痛篮头的习俗。女

民国时期的结婚证书（王大鸣/摄影）

儿出嫁,首先要感谢的就是经历分娩阵痛将自己生养下来的母亲,此俗由此兴起,主要是为了感谢丈母娘的生养之恩。掌包先生须亲手将这份彩礼送到丈母娘手里,同时往丈母娘腰间塞一个红包,并打躬:"太亲姆,辛苦您了!"丈母娘此时往往会热泪盈眶、激动不已。

屋外忙着清点彩礼,新娘则由喜娘陪同在屋内准备。娶亲大夫吹过三遍,母亲劝说三次后,喜娘便会帮新娘梳妆打扮。梳洗完毕,新娘由阿嫂喂一口长梗菜饭,寓意以后的日子甜甜美美。然后,新娘由喜娘陪着来到堂屋,拜别长辈。在上轿前,女家还要送嫁妆,给新娘穿"上轿鞋"。

说起嫁妆,一般根据自身情况量力而为,其中也有几件必办的东西。比如平湖一带就流传着"结婚三日跑三朝,陪嫁姑娘不忘三件宝"的说法。那里姑娘出嫁不论贫富,都要做三件事:染红鸡蛋、送万年青和还鲤鱼。

女儿出嫁,母亲会染八个红鸡蛋,放在一只新马桶内,表示代代相传,子孙兴旺,因此这只马桶就被称为"子孙桶"。如今由于实行计划生育,每对夫妻只能生育一个孩子,子孙桶中就只放一只红鸡蛋,其余的鸡蛋都放进别的嫁妆内,让众人欢欢喜喜到处寻找。

出嫁时,女家父母会亲自取一棵万年青,连泥土一起包好,让新娘带到婆家栽下。万年青四季常青,寓意男女双方的爱情忠贞不二,永葆青春。

结婚当日,男家会送"六礼",有鸡、鱼、肉、烟、酒、礼钿。礼物送到女家,留下其中的五样,做肚皮痛篮头或者肚皮痛盘,只有一条鲤鱼必须退还男家。鲤鱼在水里游来游去,好比两家结亲之后依旧有来有往,女儿不断娘家路。

送嫁妆做法不一。有的在男家迎亲队伍未到之前,就已将嫁妆贴上"喜"字或者红纸,摆在屋前空阔的场地上,俗称"浪衣风"。也有的人家把嫁妆堆在堂屋内,俗称"藏嫁妆"。男家搬嫁妆十分讲究。时间一到,第一件都是子孙桶,桶里除了红鸡蛋外,还有糖果、花生等。这些东西,拎桶的人可以自行拿去,讨个吉利。搬嫁妆要讲究方位,一般朝东南方向,俗称"青龙头"。每搬一件嫁妆,掌包先生都要发一个红包或者喜糖。

待发完最后一份嫁妆,在上轿前要举行穿"上轿鞋"的仪式。女家在堂屋正中铺上一块红毛毡或者红布,也有用红纸代替的,上面搁一把椅子。喜娘或者伴娘会将早已打扮一新的新娘迎到堂屋椅上就座。这时,新娘的父母会为新娘脱去旧鞋,

换上新鞋。换鞋，可以是爹娘一人换一只，也有母亲一手完成的。趁着换鞋的空当，母亲还会在新娘耳边做些交代。换好鞋之后，新娘双脚便不可再沾娘家的泥土了，不可以自己在家中走动，上轿也得让阿哥抱着或者背着。

关于换穿"上轿鞋"的习俗，还有另外一种解释。旧时，新娘出阁，也叫"活投胎"，必须净身、里外新衣新鞋。讲究衣服不能沾娘家气，鞋不能碰娘家泥，为的是不带走娘家的财气。

换穿上轿鞋仪式完毕后，女家还会递上一只面盆，里面有一双筷子、一碗长梗菜饭。此盆不出，花轿不能出门。

花轿出门先要由女家四个人抬出宅基，俗称"送轿"。当地还有"轿子一上肩，不好歇一歇"的说法，男方接轿后，一路之上轿子不能落地，取的是一路平安的彩头。

在平湖一带还有哭嫁的风俗，新娘出嫁要哭，俗话说"哭发哭发"，有哭爹娘

1951年，嘉善县人民文化馆第三届集团结婚典礼（周向阳/供图）

的、哭哥嫂的、哭弟妹的，不论哪种哭法，都是为了讨吉利。

成亲。

迎亲的队伍到达男家后，接下来的仪式嘉兴各处略有不同。比如嘉兴市郊一带有传麻叉袋的习俗。麻叉袋就是麻袋，有"代代相传、传宗接代"的意思。从新娘下轿或下船登岸的地点，或者男家晒场外开始直到堂屋，一路上由男家派人在新娘脚下铺麻袋。铺麻袋的人一般是家中人丁兴旺，父母、儿女俱全的男家长辈或者平辈。麻袋用三只，取"出山"的谐音，三只麻袋从后至前轮番调换铺垫，新娘便踩着麻袋，一步步走到堂屋，行拜堂礼。

再比如在平湖一带，迎亲队伍一到，男家要放铳、放高升炮，奏鼓乐。新娘在轿中，等待男家阿嫂喊过才能出轿。新郎新娘手拉同心结，行拜堂礼。礼毕，新娘在喜娘或者媒人的陪同下"开金口"，也称"叫应"。先叫公婆，再依辈分一个个叫转过来。男家的长辈们也要给红包作为见面礼。

接着就是喜宴，新娘、新郎此时不同桌，新娘与喜娘同桌，但也只能做做样子，一般不动筷子。喜宴到一半时，喜娘会高喊"一概欠陪"，新娘便可离席到房内等候。

夫妻对拜（张庆中2010年1月摄于海宁硖石）

　　酒席完毕，男家帮手会在堂间正中并排摆上两张八仙桌，放上各种水果、菜肴、糖果等，点起一对烫金蜡烛，安上一对高靠背椅，并请新郎、新娘再次入席。此时，不论辈分、年龄大小，都可以上前"喂花烛"、讨彩头。夹一样菜要说一句吉利话，比如"一根粉丝蹦蹦跳，新娘新郎养个好宝宝"，"一个枣子滴溜圆，新郎新娘养个儿子做大官"，"新郎官吃块肉，田稻好来三石六"，都是些顺口溜。

　　在海宁、海盐地区有迎花烛的习俗，又称"接烛"、"花烛夫妻"，仪式十分隆

入赘（上门女婿进新家）（方炳华20世纪80年代摄于海宁石路）

重。仪式开始时，由一对夫妻或本家兄弟手持龙凤花烛作前导，新郎新娘手执一条扎有彩球的红纱巾跟随其后，鼓手、乐人在后面吹奏。司仪唱道："春意浓，喜相逢；夏日长，配鸳鸯；秋月好，正团圆；冬来到，入洞房。"边唱边绕正厅佛台盘走三圈或顺逆各三圈。仪式完毕，送入洞房。

洞房花烛夜。

旧时，结婚对新床十分重视，铺床称为"摊铺盖"。摊铺盖的一般是父母双全的阿姐阿嫂，摊床的时候还要说很多吉利话："外床摊里床，夫妻双双睡一床"，"被头拍得响，官官养来壮"，"枕头摆得齐，小夫妻心里甜蜜蜜"，"被头叠得高，头生儿子长得好"，等等。

洞房当晚，新娘先进新房，坐在床上等候，称为"望花烛"。到了时辰，喜娘会吹灭蜡烛，包好，丢到床下。有的地方，等闹洞房的人散去后，新郎、新娘要同吃一碗冷饭加几根咸菜，俗称"吃小夜饭"。

关于小夜饭的由来有个传说：当年朱元璋起兵造反，与马姓女子在兵荒马乱中成了亲，新婚之夜只有几根咸菜加上一碗麦糊粥吃，十分艰苦。后来朱元璋得了江山，马姓女子成了皇后。但凡有公主出嫁，马皇后都会在陪嫁中放上一碗冷饭和几根咸菜，要她们不忘父母当年的艰苦。后来，流传到民间，相沿成俗，至今不衰。

平湖一带，洞房花烛夜，新郎、新娘并不能同床。新郎需由一个爹娘俱在的孩子陪睡在新床上，称作"暖床"。新娘则由娘家来的亲友陪睡在柴地铺上，称作"暖房"。还有的地方有压草席的习俗，即在婚礼的前一天，请一个孩子到新床上先睡一晚。

海宁一带有开子孙桶的习俗。闹洞房结束，亲朋离去，主人家请一个小男孩来开子孙桶，即红马桶。大人将事先放在桶内的花生、桂圆、枣子等吉祥物拿出来送给小男孩，随后让小男孩往桶里小便，寓意新婚夫妇头胎是儿子。此俗至今不衰。

一般婚礼后七天之内都还算是新婚，俗话说："三日无大小，太公太婆都好吵。"邻居、亲友讨喜糖、闹新房，还有在新房窗口听壁脚的，十分热闹。

(3) 喜娘

旧时婚礼中还有一类专门从事婚嫁服务的人员，比如半职业化的婚嫁歌手、厨师等，其中尤以喜娘最为引人注目。

喜娘是当地民间一种半职业化的婚庆角色，一般由容貌端正、能说会道的中

青年妇女充当。喜娘精通婚礼诸般仪式，主要职责是帮助新娘应付婚礼中的各道仪式。喜娘有一定的服务范围，并且得到官方承认。这种职业一般都是家传，母传女，若是喜娘没有女儿，就在媳妇或者亲戚中物色合适的继承人。凡五十出头的喜娘，都会带着徒弟出场。

结婚前一天，喜娘就会到达男家，帮助新郎的母亲做好各种迎亲的准备，比如暖炉、裹脚被、头面、青竹、灯笼等。结婚当日，喜娘带上各种应用之物，随着迎亲的队伍来到新娘家。到达新娘家后，唯独喜娘可以进入新娘的房间，帮助新娘梳洗打扮，换上里外一身新嫁衣，并伺候新娘上轿。回到男家后，喜娘又要引新娘下轿或者下船，拜天地，进洞房。待到洞房里，喜娘用红纸包上秤杆或者甘蔗，递给新郎，让新郎挑盖头。有宾客闹洞房，喜娘还要护着新娘。

婚礼进行中，喜娘要随时唱出应景的喜歌，取悦宾客，增添喜庆的气氛。比如喜娘倒子孙桶时要唱："子孙桶滴溜圆，代代子孙做状元"，"长生果，两头尖，小伙铜钿、老伙铜钿积得万万千"，"枣子皮皱，买田买到湖州"。新郎挑盖头时要唱："新郎、新娘同心同德一同坐，白头到老好结果。一挑状元，二挑解元，三挑连中三元。"新郎、新娘吃花烛饭时，喜歌是："新郎、新娘同吃凤凰鸡，一对凤凰好夫妻"，"新郎、新娘吃块桂花丁头糕，生意年年好，出外赚金条；吃块状元糕，一年要比一年好"等。

喜娘摊被头时有"十摊"好口彩："一摊状元，二摊解元，三摊连中三元，四摊四季平安，五摊五子登科，六摊六六顺，七摊七星高照，八摊八仙过海，九摊九子九孙，十摊十全十美。"更加厉害的喜娘能唱到"三十摊"。此外，还有叠被歌、迎亲歌等。这些喜歌大部分都已经背熟，反复演练过，但喜娘也需要随机应变，即兴发挥。

(4) 回门

婚礼的最后一道程序就是回门。回门古称"归宁"，就是刚出嫁的女子回娘家问安于父母。清光绪年间《桐乡县志》卷二载："（婚后）逾月而妇归宁，婿亦偕往，名曰回门。"过去风俗是婚后逾月回门，俗称"满月回门"。也有婚后二日或三日回门的，三日回门俗称"三朝回门"。

新娘回门必须"婿亦偕往"，就是说新郎一定要同去，并且还要带上鸡鸭鱼肉和糕点、水果等礼品去拜望丈人、丈母娘。说起新娘回门习俗的来历，民间有个传说：从前有一书生上京赶考，半路上因天晚有雨，去一户人家躲雨借宿，这人家正巧是其丈母娘家。过去订婚是媒人牵线父母做主，故书生不认识丈母娘，但丈母娘却认识他。因丈母娘家贫寒，娘和女儿拼睡一张床，无法安排毛脚女婿歇夜。母亲想，女儿虽未过门，但已经定亲，就说服女儿跟书生拼床同宿，自己蜷缩于灶口。谁知两人却同房了。第二天，书生继续赶路。半年之后，书生赶考得中，回家成亲。新婚之夜，当他发现妻子已经怀孕时，吵着要退婚。后来丈母娘将女婿和女儿一起带回家中，通过实地察看，让他回忆起借宿拼床之事，女婿这才认可了这门婚姻。正因为新婚夫妻婚后回了一趟娘家，才消除了误会，重新和好，于是便传下了新娘婚后回门的习俗。

婚礼历来是民众生活中一件举足轻重的大事，从古至今，嘉兴一带各种地方志书不乏对婚俗的详细记载。时至今日，其中许多名目业已成为老一辈人的记忆，但仍有一部分习俗被继承和保留下来，其中包含的喜庆、幸福、尊老、感恩的情感历久弥新。2009年6月，平湖婚俗被列入第三批嘉兴市非物质文化遗产名录。

4. 丧葬礼

在民间，丧葬礼被视为"白喜事"，历来受到人们的重视，也衍生出许多约定俗成的规矩。嘉兴一带就流传着多种形式的丧葬习俗。

（1）报丧

人一过世，在穿衣停尸的同时，必须迅速向亲友通报死讯，让他们前来吊丧，俗称"报丧"。报丧者一般是死者家属、朋友，也有本家族人（邻居），但须得是男性。现在通讯便捷，但过去电话不通，交通不便，只有派人一家一家地去报信。个别路远的亲友，也有打电话、拍电报报丧的。人们总认为闻知死讯是一件不吉利的事。为了避免死讯带来晦气，桐乡、海盐、海宁等地流传有用糖蛋驱赶晦气的习俗。这一带农村，凡是见到亲友家有人来报丧，立即烧一碗水煮糖蛋给来人食用，糖蛋要成单

（一般烧三只，至少得吃一只）。报丧者坐在堂屋下首位置，报过丧讯，吃过糖蛋立即走人。为什么要烧糖蛋呢？因为糖是甜的，含有善意。而蛋则隐喻着"滚蛋"，有驱赶之意。给报丧者吃糖蛋，包含了主人"感谢"与"驱赶"的双层意思。这种习俗现在仍在流传。

（2）奔丧

亲戚朋友接到死讯后，就要准备奔丧。奔丧俗称"吃豆腐饭"，也叫"吃素饭"。奔丧时需准备香烛、纸币、六尺长棉丧布，有一段时期改用绸缎被面代替丧布。另外，亲朋还会准备白纸包现金送人情。其中现金数目不论多少，必定成单，比如八十一、一百零一等。这一带农村，奔丧还要送丧饭，旧时是一碗饭、一只酒杯、一壶酒、一双或者两双筷子及八个菜，像八条鱼、八块煮得半生不熟的肉等，花样比较多。如今丧饭用皮蛋、鸡蛋、红白糖，蛋装八碗，每碗五只，糖也要八包，一包一斤。有的也用橘子、桂圆、荔枝罐头等。

遇有人前来奔丧，死者家中守孝者要哭着迎接，俗称"喊两声"。丧饭收一半退一半。

（3）停尸

遣人报丧的同时，死者家属开始准备灵堂、停尸等诸般事宜。

人死后，要立刻清洗身体，把死者睡过的床铺拆掉，将蚊帐甩到屋顶。第二天晚饭后举行着衣裳仪式，负责吹打的吹打大夫开始吹打喇叭，俗称"响响"。

死者亲属操持为死者剥衣、摊衣、穿衣、梳头，同时要唱哭丧歌。比如剥衣时要唱"剥衣经"："西方路上实在长，总共三千八百里长。吮枯坟，吮凉亭，只有一只剥衣亭。剥衣亭走出一个老阿叔，请问你身上衣衫啥人做啥人裁？张三做，李四裁，裁衣师傅做拢来。不信你去问一问，小裙上还有七个香球配。"寿衣摊开时要唱"摊衣经"："花裙开，踏裙地，块块方砖平平地；念佛要念老佛经，拜佛要拜老佛圣。拜好老佛拜封神，轻轻说给老佛听：老佛双通发善心，不用链条不用绳。双脚双手进庙门，阴间也有好路程。"梳头时还有"梳头经"。都是祝愿死者一路走好，平和安详的意思。

拜忏（王辉2006年1月摄于海宁斜桥）

死者梳洗、穿戴好，要由子女晚辈搬到正间堂屋，停放在那里。搬动时，长子捧头，次子抱腰，三子抬脚。如果没有儿子，就由女儿代替。若是连女儿也没有，则由侄子代替。

堂屋停尸时，尸体头东脚西横放，身盖新做的红被头、白相布。尸体一般要在家停三天左右，也有五天的，为的是让那些远在外地的子女、亲友能够及时奔丧。停尸期间，每夜都要守灵，随时招待前来吊丧的亲友。

堂间要摆孝台，台上入一对红蜡烛，中间一个香炉，周围摆满亲戚朋友送来的丧饭。死者脚后要点一盏油灯，就是脚后灯，停尸几天中，此灯不能灭，直到出殡。除此之外，在厅堂或者死者的房间里还要用支架点起四十九盏油灯，称为"点树灯"。同时将一根丝线一头系在树灯上，另一头系上一枚铜钿，放在死者的手心中。俗信以为，这样可以让死者在黄泉路上好行走。也有点岁烛的，即按死者年龄点上相同数量的小蜡烛，直到入殓才熄灭。此俗如今仍沿袭，但油灯已被电灯取代。

举丧伊始，死者家人要剃孝子头。一是为了驱邪，二是接下来直到"五七"都不能理发了。

（4）出殡

出殡时，死者近亲都要穿孝服。根据与死者关系亲疏、辈分长幼，丧服略有不

同。总的来说，丧服一般是白色棉布衫，毛边，制作比较粗糙。尤其是死者的长子，丧服最为简陋，据说这样正是为了对死者表示尊重。腰间绑一根白色布带，俗称"白挺带"，头戴一顶喑兜，脚穿布鞋。

这双布鞋很有讲究，要根据辈分"冒鞋"。死者儿女要穿冒白鞋子，同辈或晚辈穿冒蓝鞋子。若是有未婚的女性同辈或是晚辈，还须在冒蓝鞋子后跟缝上一条红布。女性送葬者要头包一块白布三角巾。

出殡的队伍要手托布桥。布桥其实是一条几米长的白布，由平辈或者晚辈双手托起。搭布桥的人数成单，有五、七、九，最多不超过十一人。布桥用来保佑死者在去西方路上一路平坦。

出殡时，死者家中留人打扫房间，准备糖汤、米粉糕。出殡的人回来时，每人都要喝糖汤，吃米粉糕，祝愿今后的日子甜甜蜜蜜。

出殡回来后，还有亲戚或者女儿对着孝台哭唱，也有借机宣泄不满的。此后直至五七，女儿或者媳妇等每天早晨要打扫孝台，点蜡烛、烧纸钱、摆饭，还要哭几声，表示悼念。

丧事一般都由长子、长女主持，参与者均是死者的平辈、晚辈、亲友，死者的长辈，即便是近亲也不参加葬礼。

(5) 做七

受佛教的影响，人死后丧家每七天要请和尚来做一次佛事，超度亡灵，俗称"做七"。第一个七天叫"头七"，第二个七天称"二七"，以此类推，共做七次，七七四十九天，最后一次称"断七"。海宁在做七期间，有"男不撞头，女不撞脚"的习俗，即男性死后头七不能逢农历日期之"七"（如初七、十七、廿七），女性死后断七不能逢七，否则即不祥。故丧事中如逢"碰头碰脚"者，即可提前或推迟做七。举行祭祀仪式时，唯五七和断七最为隆重，特别是五七。做五七这天，要举行除台仪式（也有断七除台的）。据说，这一天亡灵要登望乡台探望家中亲人，于是亲人再次请和尚、道士念经拜忏，哀悼超度。女儿、女婿及近亲则要送来用竹篾扎糊的纸楼房、纸船、纸轿、纸箱等明器。这些明器扎得很精致、完备。那纸楼内桌案、茶几齐备,甚至还挂着字画。茅盾在散文《冥屋》里称赞其"实在算得一件艺术品了"。这种"艺术品"如今还在生产,且更高档了,有电视机、电冰箱,甚至小轿车。

在做五七的活动中,桐乡百桃等地还有赞纸船的习俗,即和尚在诵经的同时,要唱赞一下明器中的纸船,俗称"赞纸船"。赞唱时由领班和尚有腔有调地领唱,其他和尚附和,要连续唱赞一个多小时,所赞多为悼念死者、慰藉生者之词。此时,死者的晚辈均手持香火,跪对纸船,静听和尚唱赞,气氛十分悲沉。至亲等还要不断向唱赞的和尚投撒钱币,这也是和尚的一笔额外收入。赞过纸船之后,将所设灵台撤除,并引柴将所有明器焚化,除台仪式即算结束。最后把骨灰盒送至墓地安放。海盐地方称"赞船",同时还有焚烧纸屋的习俗,称"赞屋"。

在做五七的过程中,嘉兴有些地方还流传解结的风俗。这一天女儿要为死者裹五七粽子,死者几岁就裹几只。粽子两只一结(系),放在谷箩内。仪式开始,女儿跪于死者灵台前,用手快速将系在一起的两只粽子之间的绳结打开。每解开一组,随即将粽子抛到身后,直到所有的粽子解完为止。据说,通过解结,可以为死者解除生前所有的怨结,化解一切冤仇。如今,这种习俗仍在流传。

5. 蚕花与人生礼俗

嘉兴一带种桑养蚕之风由来已久,在这里,人的一生也与蚕花结下了不解之缘,婚丧嫁娶处处可见蚕花,处处可闻蚕花。

结婚是人生大事,婚礼中的蚕花风俗丰富多彩。在海盐,定亲时女方要送蚕花,把自家的一张蚕种或者几条蚕作为定亲的信物送到未来的婆家去。此时,未来的婆婆必定要穿上大红丝绵袄前去接蚕花。婆婆接来的不仅是新媳妇,也是保佑今后家中蚕事顺利的好运,俗称"蚕花运"。

嫁妆中,要陪送两棵小桑树和一棵万年青。迎亲那天,一到男方家就要在庭院中种下。此外,还要陪送蚕火、发篓、淘箩、火钳等养蚕必备的工具。蚕火,是蚕室内用来照明的灯架,象征蚕花火、蚕花运。发篓,是用来搬运桑叶的小竹篓,叫起来一口一个"发",为的是讨个好彩头。

桐乡一带结婚时有接蚕花盆的习俗。旧时,桐乡屠甸乡间蚕农家婚嫁,新娘接

人生礼仪习俗
嘉兴民俗

至门前，先要给新人吃糖茶。接着用一只果盘，里面盛些米，插两支点着的红蜡烛。然后由新郎、新娘两人捧住面盆走进大门，交给婆婆，放在公婆房间里，俗称"接蚕花盆"。此时，乐人或喜娘唱道："新人来到大门前，诸亲百眷分两边。一碗糖茶送新人，吃在嘴里甜在心。新人坐在大门前，蚕花双双插罗盆。手捧银罗接蚕花，百罗蚕花万万千。"唱此歌，意在祝愿蚕花茂盛。

桐乡百桃一带，新娘到新郎家门口时，新郎和司仪要向四周撒些钱币，称为"撒蚕花铜钿"。此时，喜娘还会唱起动听的歌："东南西北撒得匀，今年要交蚕花运。蚕花茂盛廿四分，茧子堆来碰屋顶。"

桐乡河山、晚村以及秀洲王店一带，在婚后第二天，有经蚕肚肠的风俗，十分有趣。蚕乡称织布为"经布"，蚕丝被称为"蚕肚肠"，"经蚕肚肠"就是缫丝织布的意思，这个仪式就是一次象征性的缫丝过程。仪式开始前，在家中堂屋正中放四把椅子，背朝外围成一圈，圈中放一个栲栳，里面有蚕种、面条、秤杆和筷子。栲栳是一

接蚕花盆（张剑秋2009年3月摄于桐乡濮院）

种柳条编成的量器，里面的蚕种寓意蚕花茂盛，面条表示长寿，秤杆是称心如意的意思，筷子代表养蚕缫丝的工具。仪式正式开始了，由喜娘手持一根染成红色的丝绵线，带领新娘围着椅子绕圈子，脚下一边走，手里一边把红丝绵线绕在椅背上。这时喜娘还要唱一首《经蚕肚肠》："第一转长命百岁，第二转成双富贵，第三转连中三元，第四转四季发财，第五转五子登科，第六转六路进财，第七转七世团圆，第八转八仙祝寿，第九转九子九孙，第十转十享满福。经了格条金肚肠，经了格条银肚肠，绕起格条蚕肚肠，经发经发，越经越发，蚕肚肠经得匀，年年蚕花廿四分。"边唱边绕，直到一团红丝绵线全部绕完为止。随后，喜娘又拿出一只畚箕和一把扫帚，带领新娘在堂屋中扫地，俗称"扫蚕花地"。先从门口向屋内扫，再从屋里向门外扫，嘴里唱道："金元宝扫进来，一切晦气扫出去。"扫完地，将中间的栲栳收起，仪式宣布结束。旧时，养蚕缫丝对一户人家来说十分重要，此俗用意就是祝愿新媳妇嫁入婆家后，养蚕缫丝一切顺利。2009年6月，桐乡经蚕肚肠被列入第三批嘉兴市非物质文化遗产名录。

新媳妇嫁到婆家的第一年，往往要接受考验，独立养好一张蚕种。婆家人还有街坊邻里就据蚕花收成的好坏来评价新媳妇的地位，俗称"看蚕花"。

人死后，依旧离不开蚕花，有扯蚕花挨子、讨蚕花、盘蚕花等风俗。

海宁一带，死者盖棺之前，亲属要准备好一些丝绵兜子，即蚕花挨子，按长幼亲疏顺序，两人合力扯开一个丝绵兜子，拉成一张薄薄的丝绵，恭敬地从头到脚盖到死者身上。亲属越多，丝绵就盖得越厚，死者也越体面。这种风俗就是扯蚕花挨子。

而在桐乡，类似的风俗被称为"讨蚕花"。亲友们盖丝绵，一个与死者平辈的女人会在一边唱《讨蚕花》歌："手扯绵兜讨蚕花，亲人阴灵来保佑……"祈求死者的在天之灵能够保佑子孙蚕事顺利、生活幸福。也有的地方，死者的手中还要各放一个茧子。

海宁蚕乡有盘蚕花的习俗，即在死者入殓前，亲属们排成队围着棺材绕三圈，表示送别。盘蚕花时还有许多规矩：死者的子女、媳妇、女婿，一手端一只升箩，里边放一堆米，插四支蜡烛，另一只手持香，一同点燃，走在最前面；其他亲属手执一支点燃的蜡烛，尾随在后，一起绕圈子。所有的人口中念念有词，祈求保佑田蚕丰收。仪式完毕后，按俗规，自家人，即子媳辈要走进里屋；外边人，女儿、女婿和其他旁系亲属要走出大门。到里屋的人，把蜡烛供在屋内，直至其燃尽；到外边的人

则把蜡烛吹灭，待丧礼结束后带回家。当地奔丧的人按习俗会送去一木盘糯米饭，主人家收下其中大部分，剩下的一小部分以及木盘则退回给客人带走，盘蚕花时留下的那支蚕花蜡烛也被放在木盘中让其带回。当地俗信认为，将此蚕花蜡烛放在蚕房里，可以保佑蚕花丰收。

红白喜事、人生重要的场合中都伴随着蚕花，在蚕乡形成了浓郁、亲切的氛围。近年来，在现代工业以及其他经济增长方式的冲击下，蚕桑生产影响力逐渐减弱，

扯蚕花绵兜（徐春霄2012年摄于海宁盐官农村）

与之相伴的许多习俗也淡出人们的视野。但是，其中还是有一些蕴含着美好祝愿、合情合理的因素在继续流传着，使人们的生活更加丰富多彩。

伍

民间信仰习俗

信仰民俗又称"民间信仰"、"民俗信仰",是在长期的历史发展过程中,在民众中自发形成的一整套神灵崇拜观念、行为习惯以及仪式制度。嘉兴信仰民俗的种类很多,往往有一定的崇拜对象,世代相承,具有广泛的社会基础,并伴有一系列祭祀礼仪和民间娱乐表演活动。信仰民俗表达了民众祈福纳吉、驱邪避祸的基本心理,也表现出鲜明的世俗娱乐情怀。

I. 待佛(赞神歌)

旧时嘉兴一带有待佛与唱赞神歌的习俗。所谓"待佛",是一种祭祀仪式。民众通常在家中举行祭祀仪式,设宴款待神佛,祈求神灵化解灾难,赐予福瑞。凡是结婚、生子、做寿、生病、求财、祀田蚕、祭天地或驱邪避灾等,都要举行待神仪式。各地对此的叫法有所不同,比如嘉兴郊区建设乡一带称为"赕神",海盐地区叫作"待佛",桐乡周边以及嘉兴郊区的一些地方叫"待神"。其中尤以澉浦一带规模最大,仪式最为繁复。主持祭祀仪式并在仪式上唱赞神歌的人,俗称"烧纸先生"或"骚子先生"。关于"烧纸"一词,民国时期的文献已有"骚嘴"、"骚咀"、"骚子"的写法,今作"骚子"。

待佛的规模以筵席数量来区分。一般人家多为七筵,也有五筵的,大户人家则九筵,乃至十三筵。以一般通行的七筵为例,可分为高筵、中筵、文筵、武筵、正筵、东筵和西筵。

高筵,用两张八仙桌相叠而成,称作"天上"。设七位马幛,有三天三宝、玉皇、如来、观音、三官、南极寿星、北极玄天上帝,其他如五百罗汉、满天星斗等神灵也在邀请之列。俗信以为天上神仙不食人间烟火,高筵的供品只有些茶水、糕点、水果等,不沾荤腥。

中筵,稍低于高筵,两张八仙桌并排而成,下设两张春凳。中筵有九位马幛,分别是值年太岁、华光五圣、公主、赐福财神、黑虎玄坛、福德五圣、蚕花五圣、招财

海盐待佛仪式及演唱场景（唐寅峰2010年6月摄于海盐澉浦苏宅）

王子、利市仙官。供品有蹄髈一只，雄山羊一只，条肉两块以及鸡、鸭、鱼等。中筵桌子底下还设有土筵，代表地下，用来供奉土皇天子、土皇夫人、五方五土等掌管地府的神仙。

中筵两侧是文筵、武筵。文筵有马幛两位及文曲星君、魁星北斗、孔圣人、七十二贤以及孔门三千弟子。武筵有关帝、张仙大帝及两位马幛，还有关帝麾下的周仓、关平等将领。供品有鸡、鸭、鱼、肉等。

正筵供奉四岳、城隍、土地、总管、张相公、田公地母等十八位据说是生活在人间的本方神仙，也由两张八仙桌并置而成，稍低于中筵和文筵、武筵。供品除了鸡、鸭、鱼、肉以外，还有十道熟菜，另外有一个猪头、四只猪爪、一根猪尾巴，代表全猪。

东、西两筵设在两边厢房，主要招待草野三相、船主相公、马福总管等神仙的随从以及其他一些小神、野仙以及邪神。供品有鸡、鸭、鱼、肉等。

民间信仰习俗
嘉 兴 民 俗

另外，正筵前边稍低于中筵的地方还设有半筵，专门祀奉掌管人间姻缘的三天上帝。

待佛仪式由骚子先生，也就是赞神歌手主持。赞神歌手一般请两位，规模大的要请八位。同时还要请当地善于吟唱的八位人士担任值筵童子，帮助和唱。

待佛正式开始的前几天，主人家便着手准备，宰杀牛羊、打扫厅堂、布置桌椅。待佛当天下午，骚子先生到来以后，布置马幛、排筵、扎龙舟、誊写参加待佛人员名单。晚饭后，骚子先生开唱《土地》，先行祭祀本堂土地和三界符官。三更后，仪式正式开始。

清光绪年间海盐文书抄本《交纳》书影（胡永良/供图）

骚子先生首先要请符官，高唱"黄道吉日天门开，弟子今日发虔心。敬神如在黄道日，恭请上中下三界值符尊"。派出符官邀请各路神仙赴宴后，骚子先生率家族男丁在门口迎接神仙，高唱"请神仙蟠桃大会，正朝阳迎接龙神"。

神仙到位后，骚子先生边唱边请神仙逐个入席，俗称"按位"。随后拈香敬酒，筵席正式开始。这个过程要持续一天一夜，此间骚子先生唱赞神歌。这是待佛仪式上最为重要的活动。所谓"赞神歌"，是指骚子先生在待神仪式上演唱赞颂神灵的歌谣。赞神歌有特定的曲调和书目。一般可分为正书和汤书两种。正书大多讲述神、佛的传奇故事，歌功颂德，演唱起来比较严肃，书目历代相传，比较常见的有《如来》、《玉皇》、《观音》、《南极》、《三官》、《关帝》等。汤书相对比较灵活，穿插于待佛过程中，主要用来调节气氛，俗称"落汤"，曲调称为"落汤调"。传统汤书有《八仙》、《盘王》、《十团圆》等。汤书还可以随着当时的气氛、现场的人和事即兴创作，现场的群众也可和唱。落汤时，场上气氛最为活跃，民众情绪高涨。

到了第三天凌晨，骚子先生就要开始催圣，婉言催促东西筵、土筵上的神仙离席上路。稍后，行发舟，送神仙上路。而后有迎华光，这是一种祈求家庭和睦的仪式。接着是送蚕花，参加待佛的蚕户会将蚕种放在筵席上蚕花娘娘身旁，祈求来年蚕茧丰收。再以后是送青龙、送寿星、送财神等。到了拂晓，骚子先生会将东家为待佛所做的一切准备逐一向神仙交代，俗称"交纳"。天大亮后，送高筵、中筵、正

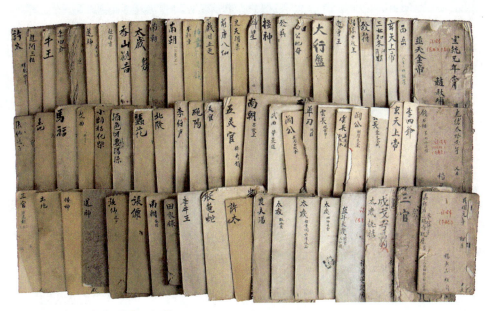

部分海盐文书抄本（胡永良/供图）

173

筵的神仙，最后答谢本堂土地。

　　在仪式中演唱的骚子先生多是农民，所唱神歌为祖传或者拜师学艺所得，有手抄本传承，但在仪式中一律不可看抄本，全靠心记。他们是半职业化的民间艺人，平时在家种地，冬、春季节应邀外出主持待神仪式，并收取一定的报酬。此俗旧时在嘉兴各地农村非常盛行，20世纪50年代以后停止，近年来又有复苏，但仪式较过去已大大简化。

　　2005年5月，海盐骚子被列入浙江省第一批非物质文化遗产名录。2009年6月，桐乡神歌被列入第三批嘉兴市非物质文化遗产名录。

2. 做社

　　"社"，指的是土地神，做社就是祭拜土地神的仪式。民间做社习俗由来已久，据相关史料记载，自夏、商、周三代起就有此俗，绵延至今，历史十分悠久。嘉兴一

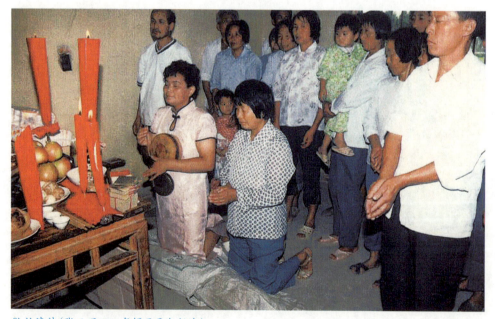

做社请神（张玉观1994年摄于平湖新埭）

带农业发达，做社风俗流传颇广，尤以平湖一带为盛。

每年春、秋两季，平湖一带都要举行隆重的祭祀仪式，向神佛祈求田蚕丰收、六畜兴旺、人口平安。清光绪年间《平湖县志》卷二记载："春分社，田家醵钱为会，牲醴祭神，以祈丰稔……秋分社，田家又醵钱为会，牲醴祭神，以报丰稔。"

当地民众自由结社以承担祭祀仪式的具体运作。结社的方法基本以自然村为单位，由村中某一户发起，同村或者相邻的若干户村民自愿参加。一个社少则七八户，多则六七十户不等。社一旦形成，往往比较稳定，参与者轮流当社主。一年做毕，开会选定下一年的社主人选、做社的具体日期、开支规模以及商请太保先生演唱的书目等。太保先生是当地做社仪式的主持人，在仪式上所唱的神歌称为"太保书"。

做社的地点一般在社主家中的厅堂里。做社一次，大约要一天一夜。做社当日，太保先生在上午十时到达社主家中。午饭后，仪式正式开始。有以下程式：

前往本庙礼拜。旧时每村皆有本庙，供奉当地的民间保护神，俗称"本庙菩萨"，也就是通常所说的土地神，如大老爷、戚老爷、杨老爷、水仙老爷等，因村而异。做社时，太保先生带领社主、社客敲锣打鼓，前往本庙礼拜，点烛、敬酒、朗读社单、焚烧纸锭、祈求保佑。礼拜的目的是向本庙菩萨禀告此次请神大事，求得许可。

安放筵席，排列神码。礼拜的同时，留守家中的人手将神案布置妥当；太保先生从本庙返回后，亲自折叠神码，将神码一一安放到规定的位置上。安放神案分一台、二台、三台。第一台陈列九个神码，依次奉祀九位神灵，分别是观音、玉皇大帝、三天三宝、玄天上帝、文昌帝君、关圣帝君、三官大帝、和合二仙、寿星。第二台陈列九个神码，奉祀九位神灵，分别是朝元代、青龙吉庆、五路财神、南极仙翁、南朝圣众、利市仙官、招财进宝、正乙玄坛、五岳曹神。第三台陈列十五个神码，奉祀十五个神灵，分别是城隍、杨老爷、钱郡王、霍光丞相、刘猛将、施王、朱福老爷、王三爷、李侯王、栏头土地、金七总管、通天五圣、灶君、土地、田公田婆。神码前安放猪头、鸡、鱼、猪肚子，二十四只酒盅（排成一排）、二十四双筷子（扎成一把），另祀三个神灵，为上界天仙符官、中界云仙符官、下界水仙符官。台前安放香烛、社单。神码为水印木刻，长三尺、宽一尺左右。

请神。下午三时左右，社主及社客皆手持清香，面向神案跪拜。太保先生左手拿

小锣和竹签,右手拿击鼓棒并在右下方放一扁鼓,边敲边唱,唱颂《请神》。请神完毕,焚化一提纸锭元宝,众香民跪拜,宣读社单。请神的目的在于祈请三界符官使者出发,去往上、中、下三界,礼请各路神佛前来赴筵。

接神。休息片刻后,仍旧摆好供礼,点燃香烛,开始接神。太保先生向神案上斟酒,表示神佛已陆续赴筵,太保先生代表主人向神佛敬酒,同时开唱《接神》。

唱社书。接神仪式后,在神案的边侧设书桌一张,桌上放一壶茶,由太保先生当众唱书,既娱神也娱人。每次要唱书五段,每段一小时左右,一般为长篇叙事说书。下午晚饭前先唱一段开开场,然后吃晚饭,晚饭后继续唱四段。有的地方如新埭、秀溪一带则要求全部放到晚上唱,至少唱到半夜,甚至唱到天亮。

送神。安排在次日清晨。平湖一带临近杭州湾北岸,靠近上海塘,为潮水河,一般以早晨河水来潮作为送神的时间。太保先生唱《送神》,焚烧纸锭。

送神毕,将所祈奉的三十六个神码从神案上取下,放在大门外,如同焚化纸锭一般将神码烧掉,届时社主和全体社客恭敬礼拜,然后泼祭酒。

平湖徐埭一带送神时还要烧龙舟。龙舟用稻草扎成,由太保先生判断邪鬼(俗称"马阿公"、"阴兵")等的去向,然后按此方向,在离房屋一百米以外的野外将龙舟焚化,表示送瘟神。

做社习俗在"文化大革命"期间一度停止。20世纪80年代后开始复苏,然而其规模已远不如前。2012年6月,做社被列入第四批浙江省非物质文化遗产名录。

3. 请锅神

桐乡乌镇一带旧时有生产铁锅的锅厂,称"冶坊"。当时,冶坊的工人每逢农历正月初十,冶坊开工前夕,或者开炉不顺烧铸不利时,都要请一次锅神。

关于这位锅神的由来,当地流传着一个传说:很早以前,冶坊有一位浇铸本领很高的老工匠,他有一个聪明美丽的女儿秀妹,两人相依为命。有一年,皇帝下圣旨，限他在一个月之内浇铸一只丈四直径的鼎镬，逾期问斩。老工匠日夜赶工，眼看交镬的期限一天天临近，到了最后一天，熔炉却冻结了，老工匠心急如焚。他的女儿为了救爹爹的命，纵身跳入熔炉中。人们急忙赶来，只看到秀妹随着一股青烟飞升而去，冻结的熔炉也神奇般地解冻。老工匠终于如期铸成鼎镬，免于一死。冶坊的人都说是秀妹火化成仙，于是尊她为锅神，从此便形成了请锅神的习俗。类似的传说由来已久，甚至可以追溯到春秋战国时期。汉代《吴越春秋》载干将、莫邪夫妇铸剑传说，就已经有了"工匠牺牲"的情节类型。以后历代传承，诸多变异，绵延不绝，乌镇的请锅神正是在此传统下的一种流变。

请神时，首先在熔铁炉旁摆一桌供品，有熟猪头一个，全鸡、全鱼各一碗及甘蔗、荸荠、福橘等数盆，并在供桌前方中央点起线香、蜡烛。接着，负责熔铁的炉工、拉风箱的风挡工、浇铸的场里工等工匠，依次对着供桌参拜，拜完后，将三牲及水果等供品分而食之，请神仪式就此结束。

此俗流传很久，直到20世纪50年代才逐渐停止。

4. 轧太平

轧太平，又称"轧蚕花"，盛行于海宁丁桥、袁花、黄湾等地。有二月初五袁花轧太平和二月初八皇岗、黄湾轧太平。

这三地的轧太平风俗，传说分别由崇教寺、太平广福寺和岳庙的庙会演变而来。民国时期《海宁州志稿》卷四十记载："（二月）初五日为潮神朱令公诞日，袁花之令公庙曰天仙府。是日，百货麇至近十里许，乡村男妇老稚鲜有不至者，真有人山人海之观。旧习相传谓之轧太平……初八日黄湾、皇岗亦有轧太平之举，与袁（花）略同。"

信众来到庙中，祭拜神灵，求签问卜，内容多与稻田、畜牧、蚕桑种植以及年岁收成、家庭人口有关。其中袁花轧太平独有"判年方"，就是占卜蚕花，问问蚕事丰歉，有三眠几分、四眠几分之类的说法。除了问卜蚕事外，轧太平还与海潮潮患有关，所祀主神朱令公在当地便是潮神。民国时期《海宁州志稿》卷七又载："朱将军庙在县东（今盐官东）三十六里皇冈西，祀邑人朱彝。宋治平初溺海为

神，著灵应。宝祐三年封佑灵将军。元大德二年以捍海立庙，晋封灵感宏佑公，又加号护国。万历间，里人孙必达重建。又有庙在袁花东北羽士增饰仙真，俗称天仙府，亦称朱令公庙。清康熙六十一年从祀潮神庙。雍正十一年从祀海神庙。"海宁沿海受海潮之苦久矣，当地民众借轧太平祈祷海神保佑，俗信以为轧一轧，可以免遭海患，保佑一年太平。

轧太平期间，方圆几十里，乡人云集，商铺林立，猴马戏班，江湖卖艺，各色农具、蚕具等百杂货物琳琅满目。四乡民众摩肩接踵，行人以相互挤轧为乐，有"大家轧一轧，一年都太平"之说。这一天，特别是养蚕的新媳妇、大姑娘，头戴蚕花，专拣热闹的人群往里轧，期望"越轧越发，养蚕大发"。

如今海宁的轧太平活动，来自全国各地的特色产品、杂技表演，以及海宁本土的农副产品、养蚕用具、果树苗木、生活用品汇聚于此，已成为一个大型的赶集活动。

5. 妈祖信俗

妈祖也称"天妃"、"天后"、"天上圣母"、"娘娘"等。她原名林默娘，是五代都巡检林愿的第六个女儿。传说她常着红衣，在波涛汹涌的大海中保护过往船只的安全，被善男信女奉为有求必应的海神。妈祖信仰源于福建莆田湄洲岛，宋代就已传入浙江。嘉兴地处东南沿海，濒临杭州湾，历史上是福建、广州一带商人北上的重要中转站，被誉为"万商云集、番舶辐辏"之地。随着闽粤商人，特别是闽商的涌入，妈祖信仰也逐渐兴盛起来。

平湖乍浦素有"东吴大门"、"浙西咽喉"之称，历史上这一带的妈祖庙宇数量很多，并且这些庙宇往往与聚集于此的闽、浙、粤等地商会、会馆合而为一。从建造年代来看，始建于南宋的陈山南坡圣妃宫时代最早。清《乍浦备志》卷二十引明代李确《九山志》记载："天妃像乃海中浮来，香木所塑。初建庙时，道士梦神告以海中有木，次日木果至……天妃夜或出游，灯火辉煌，双行引导，或至雅山，或至白马庙，戍卒、渔人往往见之。"清康熙四十八年（1709年）福州布商出资创建的三山会馆最为宏大，"基广八亩九分九厘"，殿宇巍峨。福州余正健有《三山会馆记略》记述建造始末，其中记："康熙己丑，购雇园旧址，崇建天后殿宇，虔奉祀事，用酬航海安澜之庇，置田延僧，永香火焉。殿东旁更辟厅事，前疏方池，以为朔望令节饮福之所。"会馆后毁于抗日战争时期。

旧时，乍浦民间妈祖祭祀香火非常旺盛。清人沈季友有《乍浦竹枝词》："三重碧殿两重阶，小拜天妃蹴锦鞋。曾向海塘塘上坐，何人拾我雀头钗。"这里描绘的是海塘天妃宫民间祭拜习俗。清武康人徐熊飞有《拟祀天后神弦曲》，描述了妈祖圣驾出巡的盛况，诗云："金丝縆弦珠络鼓，花鬟玉帛迎妈祖。春潮冥冥颇黎魂，樱桃红湿神灵雨。碧幢水佩摇春星，海光直与天争青。花间婆娑酌椒醴，翠旗不动风凄馨。水衮乍开碧烟绕，苦竹茸苔山月晓。潮鸡三唱续鼍更，绿波似掌红灯小。"旗帜翻飞，万民崇拜的场景可见一斑。

时至今日，妈祖信俗仍活跃在民众中。平湖独山港小营头祝圣庵供奉妈祖，称为"天上圣母"，当地渔民出海前都要去妈祖

妈祖显圣图（宁波市镇海区政协/供图）

179

像前叩拜，祈求保佑。庵中妈祖像头戴平天冠，当地有一传说：一日林默娘在荷花塘边看到两个人提着一个篮子过来，里面传来小孩的哭声。从他们的谈话中得知这是用狸猫换来的小太子，要把他扔进池塘。于是默娘趁二人不备，用两块砖换出了小太子。后来宋太祖为感激默娘救太子之恩，即封她为皇妹，赐平天冠一顶。每年农历三月廿三是圣母娘娘的生日，这一天，小营头祝圣庵有规模盛大的庙会，方圆百里的香客自发来给圣母娘娘敬香、敬供，连续不断，最多一天的人流量有三万人左右，历时三天。

澉浦城南有天后宫，俗称"娘娘庙"。《澉浦镇志》卷九载："天后宫，清康熙二十三年以收复台湾，加封天妃为天后，因称天后宫。在南门外总寨侧。雍正十三年里人搭盖茅屋，供奉香火，旋有苏人龚天益募往来商资于乾隆二年创造前殿、厢轩及门外凉亭。十五年复造后殿，又于凉亭外凿井，以便民汲焉。嗣为白蚁所蛀，嘉庆初僧载月、道光间僧庆元相继募资重建，同治间僧庆缘重修并重建望海楼。"如今存前殿，农历三月廿三有庙会，香火绵延不断。

6. 护国随粮王信俗

护国随粮王庙位于嘉善县西塘镇塔湾，俗称"七老爷庙"，占地约十亩，坐南朝北。庙门前是杨秀泾河，河面宽阔，通往全镇各地。河对岸是社戏台，庙会时有演员登台演戏。庙内供奉随粮王七老爷神像，清中后期香火渐旺，信奉者多为西塘镇居民及附近农民。

民间传说随粮王七老爷为明末地方官，为官清正，爱民如子。有一年遇到饥荒，七老爷放粮救民，并因此获罪自杀，深受百姓爱戴。为了纪念这位造福于民的清官，每年农历四月初三，即随粮王生日的那天，这里都要举行盛大的庙会，一直沿袭至今。

据《嘉善县志》记载，七老爷为明代嘉善县魏塘人，姓金，排行第七。护国随粮王庙始建于明末清初，原址在西塘镇西栅旗塘坝小桥北，清末迁至塔湾王家桥

护国随粮王庙（陈双虎2013年9月摄于嘉善西塘）

东重建。

民国初期随粮王信俗会达到鼎盛。抗日战争前，最多一次参与者有两三千之众，是附近数十里内最有名的庙会。

庙会分出会和座会两种。出会就是将随粮王神像抬出来行街，队伍排行通常有十三道，各行各业分别举着不同颜色的旗帜，米业工人举黄旗，竹行工人举绿旗，烟纸店员举白旗，煤炭店员举黑旗。接下来，绸缎庄店员装扮成龙虎将，米行工人装扮成巡按，骑在高头大马上。菜馆店员做向导，抬着七老爷大轿，化了装的菜馆店员骑着后辕马，豆腐店店员举着护公旗，和尚打着锣鼓吹奏丝竹管弦。七老爷的信众紧随其后，有的穿着红衣红裤，表示愿意替七老爷受罪。还有的赤膊，以示自己是罪犯，十分虔诚。当夜十一点，先放焰火，然后队伍从七老爷庙前出发，出会正式开始。西塘镇上共搭四十二个社棚，彻夜烛火通明，百姓举家前来围观。出会的队伍每到一处社棚都要停下来，棚外放高升鞭炮，棚内奏起鼓乐，唱戏曲，表演各种文艺节目以迎会。到第二天中午以后，出会的队伍才能通过全部四十二个社棚，回到庙中。这时庙外演戏，一连三天，分别由客居宁波、绍兴、台州的西塘人募钱请来戏

护国随粮王庙会（周向阳1996年摄于嘉善西塘）

班，观看者众多。庙内也有一些规模较小的庆祝活动，称为"座会"。

2012年6月，护国随粮王信俗会被列入第四批浙江省非物质文化遗产名录。

7. 含山轧蚕花

在杭嘉湖蚕乡，祭祀蚕神是一件大事，不仅要在家中举行，逢到节日，还要举行庙会，祈求蚕神保佑蚕花丰收。嘉兴地区许多地方都有类似活动，其间还有民间游艺、竞技、表演活动，热闹非凡，是当地一件盛事。其中影响最广、规模最大的要数桐乡含山轧蚕花庙会。

含山地处桐乡、吴兴和德清三县交界处，距桐乡市区三十华里，仅六十多米高，四周都是平原，因而显得十分引人注目。唐宋以来，山上先后建起了禅院、宝塔，以及包括蚕神殿在内的各种寺庙，山下河道环绕四周，形成独特的景观。

含山轧蚕花庙会风俗流传已久，据《桐乡方言志》记载，距今已有一百多年的历史。所谓"蚕花"，就是用五颜六色的绉纸扎成的花，"轧"在这一带方言中是"挤"的意思。民间传说蚕花娘娘在清明节化作村姑，踏遍含山，所以在这座山上留下了蚕花喜气。谁能脚踏含山地，谁就能把蚕花喜气带回家，应了蚕花廿四分，获得双倍收成。为此，每年清明节，远近蚕农，特别是蚕娘们都争相上含山，走一转，轧轧闹猛。

旧时，轧蚕花从清明节开始，一般持续三天。早在庙会开始前几天，附近商贩们就闻讯陆续赶来，在含山上下摆好摊位，有糕饼摊、小吃摊、杂货摊、水果摊，应有尽有。到了庙会开始时，还有各种杂耍班子也纷纷赶来，挑选合适的位置，其中猢狲变把戏、杂技、西洋镜、马戏等节目常常被观众围得里外三层、水泄不通。最引人瞩目的当属满山的卖花女。她们手托插满五颜六色蚕花的花篮，在轧蚕花的人群中穿梭叫卖。轧蚕花的不仅有老人，还有许多年轻人。年轻人喜欢热闹，喜欢往人堆里轧。俗话说："蚕花越轧越发。"人越多，轧得越热闹，预兆这一年的蚕花越兴旺。

蚕农们一早上山，先从卖花女那里买上一朵蚕花，或别在发髻，或挂在胸前，或插在帽檐，或插在甘蔗上，然后相互挤轧，热闹非凡。老人们还身背红布蚕种包，上山绕行一周，沾沾蚕神仙气。山顶北侧有个深潭，叫"仙人潭"，人们到了那里，总要兴致盎然地捡一小块石头丢向潭的中心，试试自己的运气，占卜蚕事。当地有民歌唱道："击中仙人潭，回家养龙蚕。蚕花廿四分，谢谢活神仙。"

含山轧蚕花盛况（李渭钫摄于1993年清明节）

戴蚕花的蚕娘（李渭钫1993年清明节摄于含山）

从前，蚕农轧蚕花，未婚的姑娘都希望人群中有小伙子去摸一摸她的乳房，俗称"摸蚕花奶奶"。当地习俗认为，未婚姑娘在轧蚕花时被小伙子摸了乳房，哪怕只是碰一碰，她就有资格当蚕娘了，她家这一年的蚕事一定兴旺。反之，轧了一通蚕花后，一个人也不理她，则会被认为是一件倒霉事。

山上有座蚕花殿，供奉蚕神马鸣王。虔诚的蚕农总要进庙烧香，好好拜一拜，祈求蚕神保佑今年蚕花丰收。含山周边桐乡石门、洲泉、河山、大麻、崇福以及湖州南浔等地区的民众从水、陆两路赴含山拜香会，旧时还表演吊臂香、扎肉蜻蜓等。还有的蚕农抬着本村神主及仪仗朝山。

山上拜过蚕神，轧过闹猛以后，蚕农们再去观看各种竞技、表演。含山脚下有一条环山河，庙会期间水面上进行各类竞技性活动，如标竿船、打拳船、踏白船、龙船等。其中踏白船就是摇快船比赛。赛船狭小灵活，每只船各配有橹两支、桨十几把，船前装龙头，船艄插彩旗，船尾用木板搭出，延长了船身长度，称为"跳"，供摇橹用。船头一人指挥，每船十至十一人，也有十六人的。在统一指挥下，用力划船，你追我赶。两边看客拥挤，一起呐喊助威。打拳船就是把两只农用船拼在一起，铺块木板，表演者在上面表演各色拳法套路，有单人表演，也有双人对打，还有舞棍弄枪的，十分精彩。其他诸如标竿船、龙船等均遍及嘉兴一带水乡庙会，为广大民众所喜闻乐见。

下午，轧蚕花的蚕农回家时，总要再买几朵蚕花和聚宝盆剪纸回去，插在灶头上，贴在饲养青蚕的蚕匾里，讨个好兆头。有些蚕农还要买一支三节长的嫩藕带回家。据说清明吃藕眼目清亮，养蚕时不打瞌睡；加上藕节丝长，预示养蚕吐长丝。

蚕农们一方面祀神祈求保佑蚕花大熟，另一方面借神嬉春，在繁忙的蚕事开始之前，放松身心，愉悦心情。含山轧蚕花庙会有着鲜明的地域特色和深厚的历史渊源，集民间信仰、民间游艺、竞技、表演等因素于一身，已经成为桐乡等地的标志性民俗。

新中国成立以后，随着生产队提倡科学养蚕，蚕神崇拜意识淡化，祈神仪式盛况不再，但其中一些民间表演、游艺、竞技项目，还是被蚕农们保留下来了。"文化大革命"时，蚕花庙会作为"四旧"被禁止。"文化大革命"后，当地蚕农又自发恢复了清明轧蚕花、祭蚕神等活动。活动期间，桐乡河山、芝村、大麻、石门、洲泉等地

祭蚕花娘娘（沈永林2008年清明节摄于含山）

的蚕农纷纷赶往含山，参与各类表演等，是含山轧蚕花庙会的主力军。

2008年6月，含山轧蚕花（桐乡市、湖州南浔区）被列入第二批国家级非物质文化遗产名录。

8. 网船会

网船会又称"刘王庙会"、"莲泗荡水上庙会"，是江、浙、沪及嘉兴本地渔民、船民和农民为纪念刘王爷而自发组织船只汇集的集会，集会以嘉兴市秀洲区王江泾镇东的莲泗荡刘王庙为中心，旧时主要是民众驾船赴会，历史悠久，规模宏大，颇具特色。

刘王庙地处毗邻江苏省的嘉兴郊区荷花乡民主村莲泗荡，始建于明代。莲泗荡原名"连四荡"，即四个湖泊连在一起的意思，有东、西、南、北四个入口，分别通往秀洲区油车港镇、嘉善县、江苏、上海和京杭大运河。清雍正二年（1724年），敕命祭祀刘承忠。清同治年间，加封刘承忠为"普佑上天王"，始称"刘王庙"。清宣统《闻川志稿》卷二载："刘王庙在连四荡东北滨，《礼部则例》：神姓刘名承宗，元

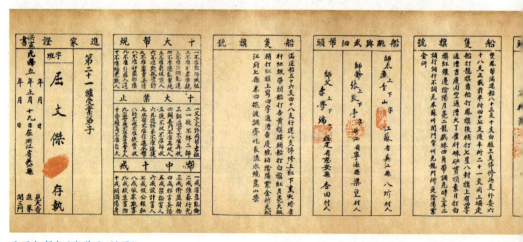

民国船帮书（张觉民/供图）

时官指挥，为民驱蝗，元亡自沉于河，世称刘猛将军，《大清会典》、《通礼》皆同。"此庙毁于"文化大革命"中，现存的刘王庙是1986年在原庙原址上重建的。

关于刘王的身份来历，说法不一。有的说是南宋抗金名将刘锜或刘锜的弟弟刘锐。有的说是南宋刘宰，"俗传死而为神，职掌蝗螟，呼为猛将"。在莲泗荡一带，较为普遍的说法是：刘王原名刘承忠，元朝人，是灭蝗英雄。当地传说元朝末年江浙一带蝗虫泛滥成灾，朝廷张榜招贤，官属江淮指挥的将军刘承忠揭榜自荐，率领军队星夜赶赴灾区，与百姓一起日以继夜扑灭蝗虫。后因劳累过度，不幸溺死于莲泗荡中。百姓对其感恩戴德，为其塑像，尊称为"刘王爷"。民间流传有《刘王宝忏》，其中唱道："蝗虫形，长三寸，犹如麻雀一般能，菱芦苗叶都吃尽，百般树木尽凋零；蝗虫飞，到青云，好像乌鸦一般能，世上万物都吃尽，老人头上拔发根……"蝗灾对当地民众的生活造成的巨大灾害可见一斑。正因为如此，人们对于舍身抗蝗的刘王其人充满感激，建庙以示纪念。有的学者则认为，中国历史上曾有蝗虫崇拜，后来将蝗虫人格化，有了对灭蝗英雄的崇拜。

刘猛将军庙分布甚广，江苏《苏州府志》、山东《昌邑志》等都有记载。嘉兴刘王庙网船会作为水上庙会独树一帜，这是当地渔民、船民的节日，特别为人们所瞩目。

网船也叫"丝网船"，是江浙一带普通的打鱼船，形似柳叶，首尾微微翘起。每船一般备有两把桨，用手划或者脚蹬，击水向前，快如飞梭。以前在江南水乡随处可以看到。随着时代的变化，渔民水上作业的船只也早已机械化，因此现在把撒网捕鱼的渔船统称为"网船"。网船会以丝网船数量最多，但参加的船只并不局限于此。

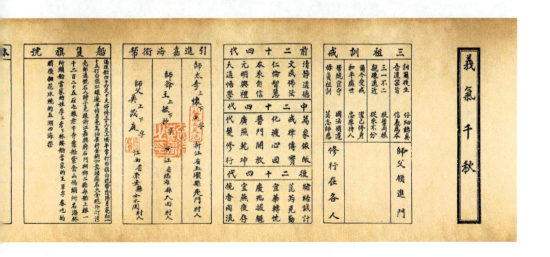

民间信仰习俗
嘉 兴 民 俗

据《浙江民俗大观》载,每年清明和农历八月十四刘王诞生日,江浙沪一带,特别是嘉兴各县区包括嘉善、海宁、平湖、海盐、桐乡等地的商船、烧香船、丝网船、盖篷的连家渔船、驳船、脚划船、轮船以及船头雕着鱼眼珠的海渔船都会云集于莲泗荡一带水域。船队从莲泗荡的刘王庙门口延伸到苏嘉运河,长达十多里,把六千多亩的莲泗荡挤得只剩下一条单行航道,蔚为壮观。

网船会主要依托民间自发形成的会社组织,嘉兴旧有荷花乡的内六房,南汇、王店乡的外六房,嘉北乡的三班,嘉兴许家村的船班和嘉兴新塍的老工门社等。刘王出会是整个庙会的高潮,民间会社组织负责将刘王塑像抬出庙,到王江泾,次日返回。队伍经过时,沿途观者如堵。据当地村民回忆,旧时庙会刘王出会前,各个会社事先进行协商,按地段分配。刘王爷出会到哪个地段,由哪个会社负责接送,并由各社自行准备龙袍、宝剑、紫金冠、九龙冠项链等,届时要把刘王爷打扮得花团锦簇,威风凛凛。出会时,各会社都要打出自己的旗帜,好好炫耀一番。出会时,青

网船会(张觉民2006年4月摄于秀洲莲泗荡)

年人左臂吊一面大锣，锣上五只小钩穿在肉里，右手拿槌敲打，在最前边鸣锣开道。刘王塑像紧随其后。神像后边是舞龙、高跷，不少民众穿着古代服装，扮成戏曲人物，还有一些穿红衣裙充当罪人的还愿者。要是碰上阴雨天，就把刘王塑像抬到船上，敲锣打鼓，浩浩荡荡地进行水上游行。

庙会期间还有戏文、杂耍、高跷、调龙、舞狮、花鼓、莲湘等民间艺术表演。苏杭运河的长虹桥下则举行踏白船比赛。各村各乡自备小龙船，在宽阔的水面上开展竞赛。比赛有干踏和水踏之分，干踏时水只没到膝盖上，水踏则是把整个身子都没在水里。

网船会大约兴起在清咸丰年间，清末民初极一时之盛。清光绪年间《点石斋画报》有一幅直接反映网船会的图画，其上云："远近赴会者扁舟巨舰不下四五千艘，长虹桥自庙前十余里内排泊如鳞。"细看画面，水面小舟巨舰，百舸争流；岸边人头攒动，观者如蚁。据《嘉善民权报》民国三十七年（1948年）8月28日载："连四荡的刘王庙愚民五十万虔诚顶礼，劳民伤财耗资五千亿。"文中对民国三十六年（1947年）的刘王庙会有这样一段描述："民国三十六年刘王庙庙会有十八万三千之多的猪头献上神座。据统计，高高竖着桅杆的大船约有八百余艘，轮船二十四艘，其他汉

网船会的船上祭祀活动（陈宏伟2009年3月摄于秀洲莲泗荡）

民间信仰习俗
嘉 兴 民 俗

口船三艘,青岛和香港来的船各一艘,其余小网船和民船更不知凡几。刘王的纱帽是新置的,价值黄金六两。"民间对这一庙会的重视程度可见一斑。

此种大规模的庙会活动直至1958年才终止。但即使是庙宇被拆除的"文化大革命"期间,民间小规模的祭祀活动仍然没有停止。至20世纪80年代初,民间香火又重新燃起,1979年即有五万多人参会,1986年增至十余万。时至今日,江苏、浙江、上海等地的渔民、船民仍年年汇集,船队从莲泗荡延伸至古运河,长达五公里。每次集会活动时间达四五天,人群达数万之众。活动均由民间社团自发组织,非常有秩序。

随着时代的变迁,网船会也发生了一些变化。以往刘王出会一直是庙会的重要环节,现在串庙会替代了刘王出会。与原来的出会仪式相比,串庙会活动范围局限在庙内外,但声势不比过去逊色。在庙会上,经常能看到民间自带道具、自发组织的各类表演,如打莲湘、挑花篮、打腰鼓、舞龙等。

提香炉(沈立新2005年9月摄于秀洲莲泗荡)

热闹的祭祀活动结束后，渔民、船民们各自回到他们赖以生存的船上，拿出酒食，款待亲友家人。一些船家还用松木板钉成船排，大摆酒席，彻夜欢饮。来赶网船会的渔船少则聚集三天，多则一周，充分享受网船会带给他们的快乐。船民以船为家，四处漂泊，平时很少能够与亲朋好友聚会交流，于是网船会便成了他们探亲访友，联络感情，交流信息，乃至谈情说爱的极好机会。

2011年5月，网船会被列入第三批国家级非物质文化遗产名录。

9. 双庙渚蚕花水会

桐乡是有名的蚕乡，蚕农素有信仰蚕神马鸣王的习俗。每年清明，桐乡洲泉镇清河村一带都要举行声势浩大的蚕花庙会，包括双庙渚、芝村、南松三地。由于庙会通常在水面举行，当地人称之为"蚕花水会"、"水上蚕花胜会"，也有称"龙蚕会"的。

民间传说此俗始于南宋，宋高宗敕封蚕神马鸣王为"马鸣大士"，并传谕各地建庙供奉。为此，清河村附近的双庙渚、芝村、南松三地分别建起贵和庙（今称"双庆寺"）、芝村庙（后改称"龙蚕庙"）、富墩庙三座庙宇，并在庙中设殿分别供奉三尊马鸣王菩萨，人称"姐妹仨"。由于双庙渚处于几条河港的交汇处，水上来往便利，旧时，每年清明节期间，附近蚕农就用农船将马鸣王姐妹仨迎至双庙渚双庆寺附近的河港上，祭拜马鸣王，祈求蚕神赐福，保佑养蚕丰收，并在附近水面上表演各种节目。参与表演的主要是桐乡晚村、义马、青石、永秀、大麻、芝村等地的蚕农。嘉兴其他地方的蚕农也会赶来参与庙会，甚至还有来自吴兴、德清、余杭等地的蚕农。清光绪年间《石门县志》卷十一记载："清明日……农船装设旗帜，鸣金击鼓，齐集龙蚕庙前，谓之龙蚕会，亦击鼓祈蚕之意。"

旧时，蚕花水会的发起和组织常常带有竞争色彩。每年农历十二月三十，芝村龙蚕庙的道士就会用红纸书写一份第二年清明准备举办蚕花水会的告示贴在庙门外墙上。哪个村子先揭走了告示，就获得了来年庙会的主办权。过年以后，主办村会按照告示内容再写一些红纸通告，并于该年农历二月初二组织村民高举龙蚕庙中的圣旨龙牌，敲锣打鼓到县城向官府递交迎会通告。获得官府支持后，主办村又会

派人到附近各个乡镇村坊张贴举办庙会的通告，扩大影响。

　　蚕花水会从清明开始，一般五至七天。清明第一天为迎会准备日，这一天要组织善男信女到庙中拜蚕花忏，以示对蚕神的敬仰。还要由两名老太太为蚕神梳头，换彩袍，同时还有些村民负责准备神船。神船由两只方头木船撬编在一起，船上搭有庙堂式样的彩亭，以供第二天迎神之用。

　　迎神从清明第二天开始。清晨，主办村的迎神队伍就在一片锣鼓声中将凤冠霞帔的蚕神马鸣王塑像从庙中抬到神船上。神船上摆好豆腐干、糕点、水果等供品，点燃香烛。祭拜一番之后，神船便撑离船埠，开始在港中巡游。神船所到之处，前来参加迎会的各种船只上的蚕农们均向神船合掌躬拜，表示敬意。神船巡游一段路

桐乡双庙渚蚕花水会（张新根2008年4月4日摄于桐乡洲泉清河村）

程，仍然回到庙前原处停定，接着便由参加庙会的各地船只给蚕神表演节目，既娱神又娱人。

蚕花水会的所有节目均在船上表演，极具水乡特色。各地船只各式各样，节目也丰富多彩，通常有摇快船、拜香船、打拳船、台阁船、龙灯船、高竿船等。

台阁船为先导。船由两只农船撬编而成，上搭彩台。选择一些十岁左右、长相标致的孩子扮演传统戏曲人物，常见的戏目有"牛郎织女"、"许仙白娘娘"等。拜香船是在两只撬编的农船上铺块平板，八个十岁左右的孩子（四男四女）穿着红绿衣衫，手捧特制的小香凳，排成双行，在乐队的伴奏下，边唱边跳《拜香凳》舞。打拳船上，表演者立于船头平板上，表演各种拳法套路。有单人表演、双人对打，也有刀枪兵器演练，两岸观众叫好不断。这种武术通常称为"船拳"。最引人瞩目的是高竿船。船头石臼之中插立着一根三丈多高的毛竹竿，四周再以短竹支撑固定。竿端套有一只形似升箩的踏脚。表演时，表演者缘竿而上，直至竿顶，依托踏脚，表

演各种惊险动作。双手放开，仰面躺在竹上，称为"躺竿"；足钩竹端，身体倒悬，称为"倒挂锄头"；两臂挽钩竿，叫作"苏秦背剑"。尤以"蜘蛛放丝"最为精彩。表演者将一匹土织长绸的一端系于腰间，另一端系在竿端，表演时猛地从竿端脱手，顺绸下滑。此时竹竿被吊成弯弓形，人似乎要坠入河中，观众无不为他捏一把汗。压轴的一般是摇快船。摇快船带有一定的竞技性质，参加的村坊较多。每只船上十三人，备有两橹八桨。表演时，在指挥者有节奏的号令下，众船齐发，你追我赶。岸上成千上万的人围河观看，盛况空前。

迎会结束后，马鸣王神像依旧被抬回庙中。据当地老人回忆，最后一次蚕花水会是在1948年清明节期间举行的。民国三十七年（1948年）3月24日《新崇德民报》报道："三月二十日，本乡十四保双庙渚（又名"贵和庙"）与邻乡芝村交界地方，往往于每年清明节前后，必有人发起伙同邻乡农民举行大规模之迎神赛会，以纪念马鸣王菩萨为号召，参加赛会，藉以祈求田稻蚕丝五谷的丰收。在赛会中有龙船、拜香船、打拳船等。"水上庙会活动一度停止。20世纪50年代初，清明节时仍有少数蚕农做摇快船表演，以后这一活动完全消失。直到1998年，中断了半个世纪的双庙渚蚕花水会才得以恢复。从此，每年的清明节都会举行。

2009年6月，双庙渚蚕花水会被列入第三批浙江省非物质文化遗产名录。

10. 芦母桥旱会

芦母桥旱会是桐乡一带蚕农为祈求蚕神保佑蚕花茂盛而举行的庙会活动，因其在陆地上举行，故称为"旱会"。

芦母桥旱会以坐落在虎啸乡（今桐乡市崇福镇）芦母桥南侧的三圣堂为中心。三圣堂因旧时庙中供奉着张、金、萧三姓菩萨而得名，今已废弃。每年清明这里有庙会，为期三天。第一天称为"请令"。由各村领头到庙中向主持人讨得参加庙会的令箭。讨得头等令箭的，不仅迎会时可以排在队伍的最前边，而且回程时也可以先走。讨得二、三等令箭的，依次排在后边。请令时，各村领头都要跟主持人对词，只有获得全胜者才能讨得头等令箭。第二、三天都是迎会，迎会的队伍遵照南进北出的原则，第二天的迎会往东南方向走，即从芦母桥出发，向南经留良，折东过高桥、南日部分村落，至亭桥沿北沙渚塘过西回殿。第三天向西北走，从芦母桥出发，往北经同福部分村落，沿大运河东侧向南进崇福镇。

迎会前，各个村落的队伍首先在三圣堂聚集，由主持人按照讨得令箭的等级将队伍排好顺序，同时宣布迎会的纪律和各种注意事项。迎会开始后，八顶绣龙凤图案的红凉伞作先导，接着是龙灯，有板龙、布龙等，数条至十数条不等。紧随其后的是各个村坊的表演队伍。有台阁、地戏、拜香凳、彩莲船、跳五方、敲敲亭、打莲湘、踩高跷等。一个节目一道锣鼓，热闹非凡。队伍中还穿插着神旗、神轿、神椅。三圣堂中三尊菩萨行像就端坐在神轿中。最后压阵的是蚕神马鸣王。迎会队伍每经过一个村坊或者街道，当地信众都要摆台设供。崇福镇上的商家们也会纷纷出钱装点各处供点。当迎会的队伍离开崇福镇时，已是傍晚时分，队伍中纷纷点起灯笼火把，成百上千的灯笼火把簇拥着神像，如同一条蜿蜒的火龙。直至迎会队伍回到三圣堂，各村跪拜交令后，方可离开。

据当地老人回忆，清光绪年间芦母桥旱会就已流传，最后一次迎会是在抗日战争胜利后的1946年，据说也是规模最大的一次，各地参加迎会的节目多达一百二十六个，连海宁一带都有蚕户前来赶会，当年的盛况可想而知。

II. 乌镇香市

香市，俗称"烧香市"。旧时，桐乡乌镇一带农家多以种桑养蚕为生，每年清明至谷雨时分，四里八乡的农民趁着农闲齐聚镇上，去寺庙中烧香，祈求蚕茧丰收，久而久之就形成了蚕乡这一特有的庙会——香市。

乌镇香市由来已久。清康熙中叶，乌镇诗人盛矿曾写过一首关于香市的诗，题为《乌镇烧香词》："和风暖日水平堤，士女嬉游夹两溪。七十二桥零有半，东南北栅不如西。鲜妍裙袄花争妒，圆滑笙簧鸟并啼。消受春光须一度，要酬香愿强名题。"按此推算，乌镇香市至少也有三百多年历史。据民国时期《乌青镇志》卷十九记载：

民间信仰习俗

嘉 兴 民 俗

"清明后,村男女赴普静寺烧香,今名香市。其时,有洋片摊、糖摊、马戏、髦儿戏、傀儡戏诸娱乐场,游人甚众。"茅盾1933年曾以《香市》为题著文,描绘了乌镇这一民间风俗的情景。他写道:"清明过后,我们的镇上照例有所谓香市,首尾大约半个月","香市的地点在社庙","香市中主要的节目无非是'吃'和'玩'。临时的茶棚,戏法场,弄缸弄甏,走绳索,三上吊的武技班,老虎,矮子,提线戏,髦儿戏,西洋镜——将社庙前五六十亩地的大广场挤得满满的"。

据老人们回忆,当年乌镇香市就设在西栅普静寺、乌将军庙、土地庙等寺庙的广场上。每年农历三月一到,镇上的各行商店便陆续来到广场上,摆设临时的货摊,推销商品。广货摊、玩具摊、水果摊、糕饼摊,应有尽有。特别是茶棚,一个接一个,热闹非凡。四乡的农民成群结伴,坐航船或摇赤膊船来赶香市,有的还捎带着自产的竹器、蚕具及农副产品到香市上销售。

香市一开始,外地的各种戏班子也都按时赶到,各选场地,露天演出。跑马戏,木偶戏,髦儿戏,猢狲变把戏,魔术杂技,动物展览,五花八门,无奇不有,戏台就

祭蚕娘(陆晓春2007年3月31日摄于桐乡乌镇)

搭在庙前的高坡上。这戏名义上是做给神看的，俗称"做神戏"，实际上是娱神娱人。头出戏一般都是《风波亭》，据说是为了表示对奸臣秦桧及其妻子王氏（乌镇人）的憎恨和对忠良岳飞的怀念。演戏的费用由镇上商家摊派，赶香市的民众都可看白戏。

赶香市的农村妇女另外还有一项活动，就是在庙里烧过香之后，还要到土地庙前的水潭里洗洗手，俗称"汏蚕花手"。俗信以为，在那里洗过手以后，养起蚕来就特别顺手，蚕也会无病无灾。

此外，香市期间还有踏白船、丝竹船、拳船等民俗活动。

香市的民俗活动20世纪50年代后基本停止。乌镇作为旅游景点对外开放后，将香市作为一个旅游项目加以开发利用，于2001年4月5日清明节正式恢复此项传统庙会，使得水乡狂欢节的盛况重新呈现在世人面前。如今，香市已成为乌镇民俗旅游的一个品牌。

2012年6月，乌镇香市被列入第四批浙江省非物质文化遗产名录。

12. 大曹王庙庙会

大曹王庙坐落于嘉兴市南湖区余新镇曹王村，庙内供奉曹王。旧时每年清明和农历八月初二，这里都要举行盛大的庙会，称为"大曹王庙庙会"，在周边一带颇具影响。

大曹王庙始建于北宋年间。当地传说，北宋初年，大将曹彬率兵平定浙江，宁自杀谢天下而不枉杀一人，百姓感其恩德，筑庙祭祀。庙中原有庙碑一块，上有"唐天宝年间，里人王友文舍宅建东岳行宫及五岳楼，后改为曹王祠"等字样。由此推测，大曹王庙在唐代为东岳庙，及至宋，曹王才正式入庙受奉，"曹王祠"的名称也从那时起正式开始使用。此石碑现已移至嘉兴南湖揽秀园碑廊。

大曹王庙历经重修，规模宏大，宋元时期即是嘉兴著名游览地。大曹王庙庙会更是历史悠久，香客不远数百里而来，赶庙会三天。据明弘治年间《嘉兴府志》载："每岁三月，乡人市女烧香者万计。"清人蒋薰有诗句云："留得江南十里春，曹王庙外踏青频。"清代大曹王庙庙会规模很大，不仅四周农民云集于此，嘉兴城中

居民也纷至沓来。

　　清明庙会活动中最引人注目的是菩萨出会，庙中五个菩萨坐轿赶会。善男信女们将五尊菩萨从各殿中抬出来，绕庙三圈，最后回到新殿。出会的队伍最前面有戴着鬼面具的鬼保长引路，随后是趟车会驱赶路人，再由掌幡的五丧队开道。后边才是菩萨的坐轿，五尊菩萨依次是小网老爷、总管老爷、曹王老爷、东华大帝、东华娘娘，各尊菩萨有四人抬轿，浩浩荡荡。菩萨回到新殿后，戏班开始演戏，演出结束，五尊菩萨依次退出戏场返回原处。

　　庙会期间还聚集了大批商贩，形成热闹的庙市。庙市上有各种风味小吃、杂耍表演，以及泥塑玩具出售。曹王村泥塑均由当地手工艺人自行采泥、手捏、彩绘而成，形象拙朴可爱，历来受到这一带民众的喜爱。明末清初海盐诗人彭孙贻《舟过马泾谒曹武惠王庙》诗中有"原蚕争卜茧，屠豕竞迎猫"之句。清初嘉兴谭吉璁《和

2012年清明节的大曹王庙庙会（陶啸啸/供图）

鸳鸯湖棹歌》也说:"泥孩纵说鄜延好,不及曹王庙上看。"

泥塑的品种很多,有泥孩、泥猫、泥美人、泥老虎等。庙会期间庙中两廊下都是卖泥塑的。前来赶庙会的蚕农都会买些泥猫带回去,放入蚕室内,泥猫又称"蚕猫",俗信以为可以祛祟,驱逐老鼠。曹王村的泥猫相传至今,每逢清明庙会还有不少人购买泥猫,以求养蚕平安。

2001年,当地重建大曹王庙,并改名为"大曹王寺",占地面积四十二亩,建筑面积一千五百平方米。清明庙会的风俗也得以重新延续下来。

2008年6月,大曹王庙庙会被列入第二批嘉兴市非物质文化遗产名录。

13. 祭河神

海宁市长安镇是春秋战国时期吴越争霸之地,也是京杭大运河古道上重要的水陆要冲、交通枢纽,自古商贸繁荣。这一带民众历来尊伍子胥为河神,每年五月初五端午节都要祭祀河神,仪式十分隆重。

传说当年吴越夫椒之战,越惨败,几乎亡国,向吴求和,夫差听从太宰伯嚭欲允越求和。伍子胥力谏不可养痈遗患,被吴王夫差杀死,以牛皮裹之投入大江。后来吴国终被越国打败,吴王被杀,吴国灭亡。当地百姓为战死的吴国将士立庙祭祀,并奉伍子胥为河神,世代祭祀。

每年农历五月初五上午,长安镇家家户户裹粽子,于中午前后到运河边摆好祭台,祭拜伍子胥。每个祭台以两张八仙桌为一单位,依序摆在河岸上。一般每个村子有二十至三十个祭台,每个祭台摆上粽子二十四只,敬上黄酒、茶水和三样水果、三样糕饼、一条大鲤鱼、一只大雄鸡、一个猪头,点上三炷清香、一对蜡烛。每村的男女老少到祭台祭拜,祈求风调雨顺,四季平安,合家安康,永受河神恩惠。各家的长辈们到祭台前剥去粽子皮抛入河中,俗信以为,剥粽子皮就是为伍子胥剥下裹身的牛皮,还他自由之身。

祭拜仪式当天,又请来戏班子,如长安花鼓戏、打唱班、道教焰口班、敲鼓亭、唢呐吹打乐队,在祭台右侧热闹半天,迎来四面八方香客。人们纷纷到祭台前发心许愿,以求平安。祭祀活动持续到太阳落山时,便放上鞭炮,收起供品,每人分上一

长安镇祭河神活动（孙伟士摄于2011年6月）

份粽子及水果、糕点、肉食等祭品后，才缓缓离开。

祭河神活动至20世纪四五十年代后终止，2011年，尘封六十四年的端午节祭河神活动得以重现。全镇运河两岸十三个村参与祭祀活动，桐乡、湖州德清、杭州余杭等地上万人前来观看，规模很大。

14. 迎周仓会

旧时，在桐乡乌镇，每逢农历五月十三或是久旱不雨，人们就会从关帝庙内抬出周仓塑像到街上巡游，俗称"迎周仓会"。

此俗流传已久。清乾隆《乌青镇志》卷十九载："（五月）十三日为关帝诞，崇福宫关圣殿祝诞设宴名关帝会，里人迎周仓会。"为何乌镇民众要在关帝诞的时候迎周仓呢？当地传说，关公死后成神，玉帝委派他掌管风雨。此时，关公的马前卒周仓依旧跟随他。一天，关公有事外出，一个农夫准备明天插秧，前来祈雨。周仓见状，便替主应允了他。过了一会儿，另一农夫说明天要收割，请求不要下雨。两个农夫刚走，一个蚕妇和一个商人进来。蚕妇说她家明天蚕宝宝要上山，请求不要刮风。商人说他明天要坐船外出经商，请求赐风。周仓凭借自己跟随关公多年的经验，根据四人的不同请求，巧妙地安排成"夜里下雨白天晴，江上刮风岸上停"，这样一来，四人皆大欢喜。从此，当地民众便赞周仓胜过关公，纷纷找他求雨办事。

迎周仓会一般在晚上进行，从关帝庙出发。这天夜里，迎会者用轿子将周仓塑像从庙中抬出，十六人手持长柄灯笼，分成两列在最前面开路，接着是八人大轿抬着周仓。轿子前面由一壮汉手持长柄大刀引路，轿后是六人组成的乐队，一路上敲锣打鼓。最后是两排灯笼队伍。迎会的队伍从庙里出来后，沿着全镇主要道路巡游一转，仍将周仓抬回关帝庙，迎会结束。若是求雨，则要迎上三天。三天后仍不下雨，民众便为周仓塑像穿上蓑衣，戴上笠帽，抬到酷日下周游，以示求雨心切。

20世纪五六十年代后，此俗逐渐消失。

15. 瘟元帅会

桐乡乌镇一带旧时每年农历五月十五，要举行迎瘟元帅会，以祈求人口平安，在即将到来的盛夏不会发生瘟疫。

当地传说，瘟元帅生前为乌镇的一个秀才。有一年农历五月十五的深夜，正在房内苦读的秀才无意间听到两个瘟鬼在商量要往井水中投入瘟虫。秀才为了阻止附近百姓饮用井水而中毒，不惜跳入井中，以身示众。第二天，当人们将秀才的尸体打捞上来，见到他浑身铁青，才明白他是中毒身亡。为了纪念舍身救人的秀才，当地百姓为秀才塑了一座神像，供在附近修真观第三进的元帅殿中，接受众人祭拜。后来玉皇大帝又封秀才为瘟元帅，掌管人间瘟疫。久而久之，在乌镇一带就形成了五月十五迎瘟元帅的习俗。据学者研究，这种信仰较早形成于福建，后来逐步扩布，浙江、广东、台湾的一些地方都有瘟元帅庙以及相关的庙会习俗。

乌镇瘟元帅会迎会时，百姓用神轿抬着青面瘟元帅到街上巡游。迎会的队伍在最前面鸣锣开道，硬牌护行。后边有两个人抬着一只空酒甏，甏里用红绳子吊一

瘟元帅会（李群力2007年3月21日摄于桐乡乌镇）

个小木人。抬甏的人一边走，一边拉动红绳子，高声叫喊："瘟鬼捉进甏！瘟鬼捉进甏！"酒甏后边又有两人抬着一只燃烧着木炭的铁锅。两人边走边向锅内喷烧酒，引得火苗上蹿，俗信以为可以用来震慑瘟鬼。再后边就是瘟元帅的神轿，最后跟着八个手持刀枪的武判护轿。迎会的队伍游遍镇上的主要街道后，便将瘟元帅塑像和酒甏抬回修真观，用封条封住酒甏口。据说这样一来，流散的瘟鬼就都被瘟元帅捉进了酒甏，再也不能兴风作浪了。

16. 元帅庙会

每年农历五月十六，海宁市许村镇翁埠村一带都要举行元帅庙会。元帅庙会始于南宋，流传于明朝，盛行于清朝，涉及周边的镇、村及桐乡、余杭等地，影响很大。

关于元帅庙会的由来，当地有一传说：某年一位姓杨的进士途经海宁许村翁埠村时，正赶上当地闹瘟疫。杨进士深谙医道，很快就查明瘟疫乃是百姓饮用了有毒井水所致。他劝导百姓停用井水，可百姓不听劝告，致使瘟疫蔓延不止。杨进士

元帅庙会（张庆中2013年7月摄于海宁许村）

为救百姓生命，以投井献身来证明井水有毒。当百姓们看到杨进士尸身紫黑，才相信井水有毒，于是停用井水，瘟疫也由此得以遏止。大家感念杨进士的恩德，将他厚葬，又塑了面色紫黑的菩萨，供奉在庙中日夜祭拜。这一庙会及其信仰，与前述桐乡乌镇的瘟元帅会属同一类型。

庙会期间，善男信女们聚集到元帅庙中，烧香点烛祭拜，并举行盛大的菩萨出巡仪式。庙会上还有精彩的文艺表演，有舞龙、舞狮、马灯、滚灯、舞大刀、踩高跷、甩钢叉、抬头巡村、大纛旗、民乐鼓亭、提香拜香、闪心灯舞等。其中许巷布龙、滚灯、大刀舞、大旗舞等节目最受民众喜爱，在另一些节庆活动中也能看到这些节目的表演。参与表演的队伍有六十多支，表演村民数千人，演出队伍长达数公里，加上从四面八方赶来观看的群众达数万人。庙会上，村民们行街走巷，载歌载舞，从凌晨开始，一直持续到黄昏。

元帅庙会以翁埠村为中心，涉及周边的镇、村，如许村镇的塘桥村、许巷村、海王村、景树村、花园林和桐乡的大麻镇、余杭区的翁梅镇等，其南北和东西跨度五十余华里，参与者在万人以上。

20世纪50年代后庙会中断。1994年，许巷村部分村民自发举办了一次元帅庙会。以后每年都举办庙会，参加人数越来越多，表演形式也越来越丰富，不仅重新推出了传统的布龙、大刀等庙会传统表演项目，还加入了高跷八仙闹春、抬彩头等群众喜闻乐见的表演，具有浓郁的乡土气息。

2008年6月，元帅庙会被列入第二批嘉兴市非物质文化遗产名录。

17. 南湖荷花灯会

嘉兴南湖与杭州西湖、绍兴东湖并称为"浙江省三大名湖"。南湖以栽种荷花闻名。民间以每年农历六月廿四为荷花生日，这一天要举行热闹的观莲节。久而久之，又从单纯的观赏荷花发展为别具特色的荷花灯会，并逐渐形成了每年举办南湖荷花灯会的习俗。南湖荷花灯会以规模大、内容丰富、影响范围广而在江南一带久负盛名，是嘉兴民间一大盛事。

据《嘉兴市志》记载，荷花生日，旧又称为"雷祖（嫘祖）生日"，清乾隆年间直

南湖荷花灯会（沈建明、郁中奇摄于2005年）

民间信仰习俗
嘉 兴 民 俗

至民国时期在这一带颇为盛行。是日，嘉兴市民倾城游南湖，可免费乘渡船前往烟雨楼雷祖殿（嫘祖殿）进香。届时，南湖湖面游船汇集，大小船只数百艘。大船中有丝网船，俗称"双夹弄"、"单夹弄"，可在船舱内摆上酒菜，供游人休憩、赏玩。小船盖船篷，主要是摆渡载客。到了夜晚，南湖湖面放荷花灯，漂浮水上，多至千盏。烟雨楼通宵达旦供应茶酒面食。

届时，无锡、苏州等地的船主也会提前几天把十分气派的大型丝网船摇到嘉兴来。人们事先包船或订座，到时候坐船到南湖观赏荷花灯。有歌谣唱道："六月廿四七月七，嘉兴景致烟雨楼。大船停到密层层，小船停到水也浑。"场面之热闹，非同一般。

放荷花灯是灯会最主要的活动。旧时，荷花灯主要有三种。一种以粉红纸扎荷花，下系木片，中燃红烛；另一种以河蚌壳为底盘，中间放些许灯油和一根灯芯，点燃；第三种则以半只西瓜壳作底盘，中燃红烛。人们将这些灯放于湖上，并许下心愿，任其随波漂流。夜色之中，烛光水影，煞是好看。

此时在湖心岛和南湖周边的空地上还有各类民间文艺表演，民众聚集观看。参加表演的多是游走于嘉兴各地的民间艺人，表演的是深受民众欢迎的戏曲曲艺歌舞杂耍，其中海宁皮影戏最具人气。还有江南丝竹演奏，又有昆曲社在湖上举行曲会助兴。附近乡民也乘兴赶来，在附近河道上举行水上竞技活动，如踏白船等，气氛热烈。

南湖荷花灯会自清乾隆年间至抗日战争前一直非常兴盛，1937年日军占领嘉兴后被迫停废。改革开放以来，嘉兴南湖荷花灯会又得以恢复。从2001年开始每年举行，其间看灯、赏灯、放灯以及相关的民间艺术活动层出不穷，精彩纷呈，并逐渐成为嘉兴市民的一大重要节日。2006年的南湖荷花灯于7月15日至19日在小南湖举行，一千五百盆荷花成为灯会的主角，一百多个荷花灯五彩缤纷，分布各处，市民免费前往南湖边上的旅游景点会景园、湖心岛观看各色彩灯及海宁皮影戏、"荷花情"文艺演出专场，欣赏南湖纪念馆珍藏的名人、伟人书画作品，到南湖小瀛洲放荷花灯。此外，还举行市民制作荷花灯比赛，由游客投票评选优胜者，另有猜灯谜等活动。灯会期间，每天观赏者成千上万。

2007年6月，嘉兴南湖荷花灯会被列入第二批浙江省非物质文化遗产名录。

18. 城隍会

城隍信仰由来已久，三国时期在一些地方已出现城隍。明代因进入国家祀典，各地普遍建城隍庙。旧时，民众在节日里抬着城隍神像巡游，俗称"城隍会"。具体时间和仪式习俗，各地有所差异。每年农历七月十五，桐乡梧桐、乌镇等地都有出城隍会的习俗。其中以乌镇的城隍会规模最大，要连出两三天，其盛况不亚

清代嘉兴城隍庙（戚剑/供图）

于元宵节闹龙灯。

出会那天，当地民众聚集于镇上城隍庙，用十六人抬的大轿，将身穿神袍、面施彩漆的城隍神像抬出，先到镇西一座无主的坟滩上祭祀一番。当地传说，此俗肇始于明代，说是当年朱元璋因父母死于兵荒马乱之中，尸骨无存，就下了一道圣旨，命令各地每年七月十五鬼节的时候，抬了城隍爷到那些无主的荒坟草滩上去祭祀，以此表示对父母的悼念。清光绪年间《桐乡县志》卷二载："（七月）十五日为中元节，舁城隍神出祀厉坛……街坊市肆皆醵资延僧放焰口，以超度孤魂。"这种祭祀活动后来逐渐变成出城隍会的习俗。

祭祀完后，众人就会抬着城隍爷到全镇主要街道上巡游。队伍的最前面由一人扮演鬼保长引路，接着是鸣锣开道的先遣。神轿前有"肃静"、"回避"的硬牌，轿后跟着各个街坊精心准备的各色会货表演，十分精彩。通常有台阁，表演时由若干精壮汉子抬着简易戏台行走，戏台上童男童女扮成传统戏曲中的角色，有"牛郎织女"、"许仙白娘子"等曲目。还有一些穿着戏服的男女，扮成剧中角色在地上行走，称为"地戏"。一些曾向城隍爷许过愿的人家，届时会让儿童扮成犯人模样，身穿红色囚衣，颈戴银项圈象征枷锁，跟着队伍巡游，以示赎罪。迎会队伍所到之处，民众夹道观看，热闹非凡。

20世纪50年代以后，城隍会不再举行。

19. 祭潮与镇潮

海宁潮十分壮观，但海潮倾灌也威胁着沿岸民众的生活。我们的祖先曾经以为在冥冥之中有一种力量在操纵着海潮，所以就会用祭祀的方法去与之沟通。有时候，又会用巫术的办法试图去镇潮、驱潮。凡此种种，形成了一种独特的文化传统。

这一带人信仰伍子胥为潮神是相当早的。伍子胥是春秋时期人，《史记·伍子胥列传》记他一生经历颇详，其中提到，伍子胥死后，"吴人怜之，为立祠于江上"，不过还没有直接指明他是潮神。《越绝书》卷十四则说，伍子胥死后，吴王派人将他的尸体抛在大江口，"勇士执

之，乃有遗响，发愤驰腾，气若奔马；威凌万物，归神大海，仿佛之间，音兆常在。后世称述，盖子胥水仙也"。描述更细，称其为"水仙"，已与潮神比较接近了。而在《吴越春秋》中，则有两处更加清楚地提到了这种信仰。卷五"夫差内传"云，伍子胥死后，"因随流扬波，依潮来往，荡激崩岸"。卷十"勾践伐吴外传"则说，文种死后，"葬一年，伍子胥从海上穿山胁而持种去，与之俱浮于海。故前潮水潘候者，伍子胥也；后重水者，大夫种也"。都强调了伍子胥死后为神，并且与"潮"相关。

海宁盐官又有海神庙，清雍正七年（1729年），浙江总督李卫奉敕兴建，当时占地四十亩，耗银十万两，规模颇似京城宫殿，民间称之为"庙宫"。又有御碑，并定农

铁牛镇潮（张庆中2011年摄于海宁盐官）

民间信仰习俗
嘉 兴 民 俗

历八月十八为祭潮日，在此祭祀，由地方官员致祭文，后相沿成俗。民国四年（1915年），浙江省巡按使屈映光派财政厅长、盐运使等专程来海宁祭潮。旧时每逢久旱不雨，当地人民还会将城隍菩萨抬至海神庙前的白地上暴晒，举行求雨仪式。大旱时，甚至会将城隍菩萨身上的油漆都晒化了。多年来，潮神祭祀活动与闻名遐迩的海宁潮齐名，成了观潮、赏潮、嬉潮中不可缺少的重要组成部分。潮神祭祀活动曾一度被废除，20世纪80年代以后，随着观潮旅游业的兴起，海宁市把祭潮神作为民俗文化活动列入观潮节的内容之一予以恢复，同时注入了新的文化内涵。

　　祭潮，是先民出于对捍潮行为的无把握，而不得不屈服于神灵，企望通过献祭来获得神灵的帮助，或者说是希望借神灵的力量来捍潮，祭潮最终还是为了捍潮。在历史上，我们的祖先有时候还会采用另一种手段来捍潮，那就是巫术行为，通常又称之为"镇潮"。

　　铁牛，是其中的手段之一。清雍正八年（1730年），铸铁牛五座，分置于海宁老

潮神祭祀（张庆中2013年10月摄于海宁黄湾钱江村）

盐仓、戴家石桥、山川坛、烟泥墩、海神庙等五处,上面刻有铭记:"惟金克木蛟龙藏,惟土制水龟蛇降,铸犀作镇奠宁塘,安澜永庆报圣皇。"巫术意图十分清楚。乾隆年间,又先后铸铁牛十座,每只重一千五百公斤,分置沿江一带。民间历来又有祭牛烧香的种种习俗,希望铁牛能给他们带来安宁。由于种种原因,到了20世纪70年代,这一带的镇海铁牛已不见踪影。1987年,当地重铸铁牛两座,分置于盐官占鳌塔东、西两侧。

造塔镇潮,也是先民曾经有过的一种选择。历史上在钱塘江出海口建造的宝塔往往兼有镇潮的功能。海宁盐官的占鳌塔,建于明万历四十年(1612年),之所以取名"占鳌",意思是说海神脚下踩着一条鳌鱼,鳌鱼一作怪,便会掀起狂潮恶浪,造塔占鳌,也就是希望能用这种方法保障海塘的安全。

作为信仰习俗的祭潮和镇潮都已经成为历史,不过由此而留下的一些文化纪念物,以及这一带民众在潜意识里对于潮神、海神的崇拜,同样值得我们珍惜。

2012年6月,潮神祭祀被列入第四批浙江省非物质文化遗产名录。

20. 鱼圻塘庙会

鱼圻塘庙会又称"大蜡烛庙会",每年农历九月上旬和春节期间在平湖鱼圻塘大蜡烛庙举行,相传已有多年历史。庙会期间,当地民众自发聚集于大蜡烛庙,祭祀祈福,热闹非凡。清人俞蕴甫曾赋诗赞叹道:"庙指鱼圻六里遥,秋来报赛集尘嚣。田中插遍莲花炬,十丈光芒火树摇。"

大蜡烛庙,原名"刘公祠",庙内供奉南宋抗金名将刘锜的塑像。南宋高宗初年,刘锜领兵驻守在鱼圻塘,护卫东南都会广陈城,平定匪害,百姓得以安居乐业。于是鱼圻塘百姓便祀奉刘锜为保护神,建祠塑像,顶礼膜拜,祈求生活安定幸福。庙会期间,当地民众都要向刘将军献上大蜡烛,并延请戏班公演社戏三天。届时,庙中香火兴旺,香客甚众。前来大蜡烛庙会烧香的不仅有本市的香客,还有外地的香客。1946年,上海胡姓商人赠送了一对重达三百斤的大蜡烛。民间遂称刘公祠为"大蜡烛庙"。1948年,大蜡烛庙香火中断。1997年,刘公祠修建鱼乡戏苑,邀请浙江京剧团以及越剧名角王文娟前来演出,观众达三万人次,大蜡烛庙重现香火旺盛

的情景。

庙会的祭祀仪式围绕着敬献大蜡烛展开，有请烛、迎烛、绘画题词、点烛、祭拜和演大戏等程式。

请烛开始于庙会前一个月左右。每年农历八月，鱼圻塘村及附近星光、利群、红益、秀溪及上海市金山区兴塔、山阳等地的民众就开始准备了。每一地区推选一个香主，大家把购置蜡烛的钱交给香主，由香主统一置办。香主则把每家每户交来的钱登记造册，并联系大蜡烛的制作及赠送事宜。近几年来，也有一些民营业主单独出资请烛。

八月，大蜡烛制作完工，农历九月初四是迎烛日。届时，大蜡烛庙会派人派车带着各地香主，高举绿、红、黄、蓝四面旗帜，敲着钹子、扁鼓去迎接大蜡烛。蜡烛迎回时，由迎接的车队开道，一路敲打，威风凛凛，喜气洋洋。祠内早有身强力壮的村民等候，用起重机将大蜡烛吊下车，由十个青壮年用绳索、杠棒将巨烛抬进点烛亭，安放好大蜡烛，燃放高升鞭炮。

九月初五至初七，庙中请老艺人在大蜡烛烛身上绘画题词。绘画题词时老艺人

鱼圻塘庙会（陆爱斌2008年10月6日摄于平湖新埭鱼圻塘刘公祠）

须先沐浴焚香，向刘将军行叩拜之礼，然后在烛身上题写一些祝愿吉祥的诗句，如"河山展锦绣，中华庆长荣""浩气长岁月，清武衍春秋""爱国名将真气节，威镇华夏大文章""公自大名垂宇宙，今来鱼圻祭英贤"等，并在大红的底色上绘金龙或五彩的双龙戏珠图。

农历九月初八是刘将军的生日。九月初八至初九两天为点烛日，点烛时间由祠内安排。点烛时，由香主带着酿资的村民到祠内点烛许愿，先点大蜡烛，再点附烛。初八开始至初十，举行点烛后祭拜仪式，善男信女们在大蜡烛及刘将军塑像前跪拜许愿。九月初八至初十，演戏三天，不分昼夜。1997年鱼乡戏苑建成后，这里成为当地百姓娱乐休闲的重要场所。

庙会敬献蜡烛的风俗别具特色，具有浓郁的平湖地方特征。近几年来，随着当地民众生活水平的提高，大蜡烛也有不断增大、增重的趋势。2004年10月18日香客赠送一对大蜡烛，重达六百多公斤，列入世界吉尼斯纪录。目前，庙里有数对大蜡烛，对对高大挺拔，刚劲精美，具有独特的魅力。

2008年6月，鱼圻塘庙会被列入第二批嘉兴市非物质文化遗产名录。

21. 宗扬会

农历九月初九为重阳节，旧时，这一天，在桐乡运河之畔的宗扬庙要举行盛大的迎会，俗称"宗扬会"。

迎宗扬会大约始于明朝。相传明嘉靖年间，倭寇进犯浙江沿海，包围了桐乡县城，浙江巡抚派宗扬将军率领三百多名士兵前来解围。部队在皂林与倭寇进行了一场殊死较量，终因寡不敌众，最后只剩宗扬单人单骑往桐乡县城突围。途中，他问河中一个渔夫去桐乡县城还有多少路，渔夫用当地土话答："还有七八里。"宗扬将军误听作"七百里"，又见后面追兵紧迫，便挥刀斩断马腿，连人带马自殉于运河中。这一天正好是农历九月初九。宗扬将军虽然英勇献身，但皂林一战还是给倭寇以沉重的打击。当地百姓无不为他的精神所感动，纷纷写疏认捐，在皂林以西秀溪桥以东建起了一座规模宏大的庙宇，供奉宗扬将军的塑像，并尊他为渔船总管神。每年九月初九，渔民们纷纷聚集到宗扬庙前，祭祀宗扬将军，渐成风俗。

桐乡炉头龙翔寺供奉的宗扬将军塑像（徐春雷摄于2014年5月）

当年，宗扬庙会是这一带难得的水陆结合型庙会，参加人数多，覆盖地域面积广。每到这一天，宗扬庙附近数十亩空地上聚集了不少小商小贩、民间艺人，有打拳的、卖膏药的、走钢丝变戏法的、拉西洋镜的，还有卖梨膏糖的，人山人海，非常热闹。方圆数十里的渔民，这一天一律停止捕鱼，拉大网的、放滚钩的、扒螺蛳的，各种渔船都聚集到宗扬庙前的运河上，绵延三五里水面。这些船船头并船头、船艄搭船艄，只只船披红戴白，船上设祭台，香烟缭绕。庙里还要演三台好戏，供人们观赏。当年的盛况以及有关它的传说故事，依旧为老人们所津津乐道。

22. 请棚头神

旧时，嘉兴一带饲养猪羊有请棚头神的习俗，又称"请栏头"、"请栏头公公"、"谢栏缘"、"斋猪栏"等，其目的是祈求有关神灵保护养猪养羊顺利。

嘉兴市南湖区新丰一带旧时有养猪祭祀的习俗。养猪祭祀，是从母猪生小猪的第三天给猪祭祀。祭祀这天，主人须早起，到集市买祭品。首先买一块肉，最好是五花大肉，寓意今后自家的猪会肥肥大大。考究的人家则会买一只猪头，祭祀神灵。然后买一点水果和一支香烛。祭祀前，折一些纸元宝备用。搬一张桌子，放在猪棚的走廊上，再把祭祀用的肉或猪头、水果放在台子上，然后点燃蜡烛，插上香，开始祭祀。祭祀的座位也有讲究，一般须朝南，祭品放在桌子的北面，肉或猪头放在中间，其他祭品放在两边，蜡烛放在桌子的靠南边，中间放上香炉插上香，在供品和香烛之间放上几只小酒盅，洒一点老酒。之后主人朝北站立，开始跪拜神灵，一边拜，一边嘴里轻声祈祷，大意是希望神灵保佑，母猪奶水充足，使小猪能够吃得饱，长得快，无疾无灾地长大，给家里带来收入，维持生活。跪拜一次后起来，再给小酒盅里洒些老酒，然后说些请神灵吃酒、吃肉、吃水果的话，过一会再跪拜神灵，重复三次以上，等到蜡烛要燃尽的时候就把准备好的元宝拿来烧给神灵用，希望神灵收了钱后能够尽心尽力地为主人家出力。等元宝烧好，才能把桌子上的蜡烛吹灭。吹蜡烛时，为了表示对神灵的敬重，不能乱吹。正确的做法是右手做围护状，正好将蜡烛围在掌中，然后对着蜡烛轻轻一吹，就算是送神灵上路。蜡烛吹灭后，就把祭品拿走，再把烧过的元宝纸灰收好，倒掉。纸灰须倒在东南方干净的地方，这样，神灵才受用，才会替主人家出大力。到此整个祭祀仪式结束。

旧时，海宁农村养猪养羊时，为图吉利，都要在清明前后请栏头或称"请栏头菩萨"。请栏头时，用小方凳或米筛一只，上供三双柴筷，三炷清香，一对小蜡烛，一杯酒，一只蛋，一条小鱼（如主人家饲有母猪，加一条黑鱼）。主人面对羊栏猪舍作揖祈祷，祈求六畜兴旺。祭毕，将酒洒于栏内。海宁西片俗称 "请猪栏前"、"羊太君"，东片则称"谢栏缘"。

桐乡是著名的湖羊产地，农村几乎家家养羊。旧时，当地农家养羊，有请棚头神（亦称"栏前土地"）的习俗。请棚头神的时间比较灵活，每年清明，或者兄弟分家开始独立养羊，或者养羊不顺利的时候，农户都要请一请棚头神。请神时，通常在

民间信仰习俗

嘉 兴 民 俗

养猪祭祀（郑水珍2008年7月摄于南湖新丰）

羊棚栅栏前摆上一只米筛，筛内供上一块肉、一条鱼、一只鸡蛋，还有一具酒盅和一双筷子，再用稻草打成一个人形结，放在酒盅旁边以代替神位，点上蜡烛，主人对着羊棚叩拜一番就完成了。

　　湖羊浑身是宝，旧时是这一带农户家庭收入的主要来源之一，农户们都希望自家的羊能够多产小羊。为了促进繁殖，也要请棚头神。春夏之交，农户将从邻家借来的健壮公羊赶进自家母羊羊棚，请过棚头神以后，经过二十天，将公羊返还，民间称之为"赶胎"。有时，羊生病了，也要请棚头神。

　　海盐农村，每年除夕或母猪临产前或猪生病时，也要在猪舍置方凳或春凳，放上肉、鱼、鸡、水果等，点燃香烛祭栏头公公。

除夕夜，嘉善农户在猪舍置方凳摆香烛致祭，为猪祛病，祈求猪满栏，为家庭增添财富，名"斋猪栏"。

新中国成立后，随着养猪、养羊科学技术知识的普及，请棚头神的习俗已逐渐消失。

后 记

　　《嘉兴民俗》是"越韵吴风——嘉兴市非物质文化遗产大观"丛书中的一册，由嘉兴市文化广电新闻出版局主持，市非物质文化遗产保护中心承办，委托杭州师范大学浙江省非物质文化遗产研究基地负责具体的编纂工作。

　　抢救和保护非物质文化遗产，是一个十分繁杂的文化传承工程。"非物质文化遗产"这样一个概念，从它最初被提出，到后来为国人所熟知，也不过十来年的时间。这个领域里的一些基本理论，还有待进一步思考、辨析与总结。比如说，在"非物质文化遗产"这个概念提出之前，学术界已有的文化人类学、民俗学、民间文学、民族学、艺术学、科技史学、传统体育学、传统医学等领域，其实也在进行着与此相关的一些工作。非物质文化遗产如何构建自己的科学体系，并且与原有的学科衔接，尚需各方面专家的共同努力。比如，关于生产商贸习俗中的传统技艺，节日庆典中的民间艺术，乃至日常生活中的民间知识，以往一直受到民俗学的关注，而在非物质文化遗产的体系里，则又有另外的归属和安排。

　　在非物质文化遗产领域里，资源普查的成果与名录制度也并不是一回事，前者的着眼点显然要宽泛得多。而最终能够进入各级非物质文化遗产名录的项目，只是其中很少的一部分。作为保护工作的重要抓手，各级非物质文化遗产名录制度的建立十分必要，也极其重要。而与此同时，我们又始终不应该忽视那些暂时还进不了名录的大量的草根文化现象。而从文化生态学的意义上来考量，这种进不了名录的草根文化现象又每时每刻都在深刻地影响着非物质文化遗产保护的大局。正是出于这样的思考，我们这本书的编写既要考虑到当下各级名录制度的构建，又要照顾到资源普查的各个方面。

嘉兴市范围内民俗资源的调查，早在20世纪80年代就已经形成过一个热潮。在浙江省民间文艺家协会的组织和推动下，以《浙江风俗简志》和《浙江民俗大观》这两部著述为标志的民俗普查卓有成效，并且引发了一系列民俗调查研究成果的面世。其中关于蚕桑生产民俗、钱江潮以及网船会等民俗的调查研究就是很好的例证。本书的材料，主要来自全市各地文化部门从2004年初就开始的民族民间艺术资源普查，以及此后所开展的非物质文化遗产普查。与此同时，也大量参考了全市各地从20世纪90年代起就陆续出版的多种有关民俗的书籍。为此，我们要对所有曾经提供了丰富翔实的资料，并在这方面做出过出色成绩的相关单位以及前辈和同行表示衷心感谢。

要特别感谢各县（市、区）文化广电新闻出版局、非物质文化遗产保护中心以及嘉兴市民间文艺家协会等部门和单位对编纂工作的大力支持，感谢祝汉明、林敏、陆明、徐春雷、金天麟、沈民强、张玉观、胡永良、林天仁、徐顺甫、沈永明、刘映月、吴美娟、陈建华等专家在本书编纂过程中给予的悉心指导和帮助。限于编者水平，本书还有不少缺憾与失误，真诚欢迎读者批评指正。

编　者

2014年4月

责任编辑　唐念慈
装帧设计　任惠安
责任校对　王　莉
责任印制　朱圣学

图书在版编目（ＣＩＰ）数据

嘉兴民俗 / 嘉兴市文化广电新闻出版局编. —— 杭州：
浙江摄影出版社，2014.6（2023.1重印）
（越韵吴风. 嘉兴市非物质文化遗产大观）
ISBN 978-7-5514-0658-1

Ⅰ．①嘉… Ⅱ．①嘉… Ⅲ．①风俗习惯－介绍－嘉兴
市 Ⅳ．①K892.455.3

中国版本图书馆CIP数据核字(2014)第103360号

嘉兴民俗

嘉兴市文化广电新闻出版局　编

全国百佳图书出版单位
浙江摄影出版社出版发行

　地址　杭州市体育场路347号
　邮编　310006
　网址　www.photo.zjcb.com
经　销 全国新华书店
制　版 浙江新华图文制作有限公司
印　刷 廊坊市印艺阁数字科技有限公司
开　本 787mm×1092mm　1/16
印　张 13.75
2014年6月第1版　2023年1月第2次印刷
ISBN 978-7-5514-0658-1
定　价 92.00 元